WIZARD

テイラーの場帳トレーダー入門

3日サイクルと「買いの日」
「売りの日」「空売りの日」の売買技術

ジョージ・D・テイラー
[監修]長尾慎太郎　[訳者]山下恵美子

The Taylor Trading Technique
by George D. Taylor

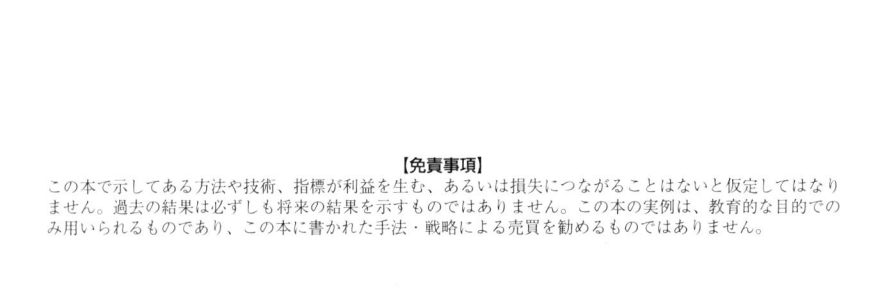

【免責事項】
この本で示してある方法や技術、指標が利益を生む、あるいは損失につながることはないと仮定してはなりません。過去の結果は必ずしも将来の結果を示すものではありません。この本の実例は、教育的な目的でのみ用いられるものであり、この本に書かれた手法・戦略による売買を勧めるものではありません。

監修者まえがき

　本書は、ジョージ・ダグラス・テイラーが場帳に基づくトレード手法について著した"The Taylor Trading Technique"の邦訳である。この原書が世に出たのは古く、すでに古典と言ってよいと思うが、テイラーのトレード手法は世に出てから多くのトレーダーに影響を与え、リンダ・ブラッドフォード・ラシュキをはじめとしていまなお多くの支持者を擁している。

　テイラーの手法が画期的だったのは、はじめに価格変動には特定のリズムがあるという見方を取り、立会日を「買いの日」「売りの日」「空売りの日」と３つのパターンに分けたことである。そしてそのリズムを把握するための方法として、独特な場帳の記録方法を用いたのだ。この、チャートに拠らず場帳のみによってマーケットの状況を把握しトレードの意思決定行うというやり方は、著名な相場師の多くが採用している方法でもある。

　さて、マーケットにかかわる情報がこれだけ氾濫し、かつリアルタイムの情報が瞬時に世界中を飛び回る現代においても、マーケットの状況を微細に至るまで正確に把握することはだれにもできはしない。つまり、どれだけ優れたトレーダーであっても、状況の把握からトレードの意思決定のプロセスにおいては、かなり大胆なデフォルメがなされていると言ってよいのである。

　そのためのツールは、人によっては場帳であったり、チャートであったり、あるいはファンダメンタルズ分析やテクニカル分析であったりするのである。そしてマーケットの状況を正しく把握できるか否かは、そのデフォルメのありようが適切か否かに因る。つまり、各々の分析手法やモデルや道具などが、不必要な情報を排したうえで必要な情報のみを残していれば理想的なのである。

その意味では、テイラーの手法のようにチャートを排し、場帳における特定のパターン認識のみに基づいてトレードを繰り返すというアプローチは、多くのトレーダーにとって迷いの少ない優れた方法といえる。一般に理解されていることとは異なり、判断に利用する情報は多ければ多いほど良いのではない。むしろ十分なだけ少ない必要がある。これは特に初心者と上級者にとっては特にそうである。なぜなら初心者はあまたある雑多な情報のなかで、何が重要で何が重要でないのかの区別がつかない。したがって、その混乱を避けるために情報を絞る必要があるからである。そしてすでにその区別をつけることができる上級者にとっては、情報がはじめから必要なものに限られていることは、迷いを断ち、意思決定を迅速に行うために不可欠な事項である。

　本書は裁量トレードにおいて何らかの規範を身につけたい初心者にとって、あるいはすでに一定のトレード経験があるものの多くの情報の処理に戸惑う中級者にとって、共に良い指南書である。多くのトレーダーによって優れていることが実証済みのテーラーの手法を用いることで、読者はマーケットの見方に関して新たな視点を獲得し、トレード技術を飛躍的に向上させることになるだろう。

　最後に、本書の出版に当たっては、翻訳者の山下恵美子氏、編集者の阿部達郎氏、パンローリング社の社長である後藤康徳氏に感謝の意を表したい。本書は時間の検証に耐えたトレード手法の優れた解説書であり、日本においても末永く読まれることを願うものである。

2008年7月

長尾慎太郎

目次

監修者まえがき	1
序文	5
第1章　市場のトレンドはこうして作られる	7
第2章　場帳の作成方法	25
第3章　場帳の各列と記号の説明	33
第4章　トレンド指標としての記号 　　　　──×とvマーク	45
第5章　買いの日	51
第6章　買いの日のローバイオレーションで買う	59
第7章　売りの日	69
第8章　空売りの日	75
第9章　買いの日に前に付けた高値での空売り	83
第10章　直前の高値や安値の突破に失敗する場合	89
第11章　トレンドラインとトレーディング	95
第12章　ストップ安とストップ高	119
第13章　3デイトレーディング手法	123
第14章　スイングトレーダー	135
第15章　アドバイス	141
参考資料	153
付録　『テイラーの3デイトレーディング手法』（改訂版）	167

序文

　本書を執筆している最中に感じたのは、投機というきわめて実践的な題材を理論的に説明することの難しさである。

　この手法は市場に対する将来の予測が基本になっている。したがって、例えば、あるトレード目標前後の動きを説明しようと思った場合、近い将来の「動き」も同時に説明しなければならない。

　例えば、買いポイント前後の動きを説明する場合、反復説明が多くなるひとつの理由としてはこういった事情が挙げられる。さらに、買いポイント前後の動きを説明するためには、そこに至るまでの動きも説明しなければならない。なぜなら、その動きこそが市場の次なる動きを予測させるためのカギとなるからである。

　理論と実践はけっして相反するものではなく、互いを補完し合うものである。理論だけ、あるいは実践だけでは不十分であることは、理論だけ、あるいは実践だけを行ってみればよく分かるはずである。例えば、実践を無視して理論だけ重視すれば、いざ実践の段になると「途方に暮れる」だろう。

　理論は分かっていても経験の乏しいトレーダーにとって、この手法は実践面での強力な助っ人になり得るものである。一方、これまで運と鋭い観察眼、直感、経験だけを頼りにトレードを行ってきたベテラントレーダーは、本書を通じて若干の理論を身につけることでパフォーマンスの大幅な向上を見込めるはずである。

　本書は基本原理に基づく市場予測を原則としているが、読者は本書に書いてあることを一字一句厳密なルールとして受け入れなければならないわけではない。本書は目標値周辺の動きを長期にわたって観察した結果を基に書かれているため信頼のおけるものではあるが、トレーダーたる者、ひとつの理論にかたくなにこだわってはならない。投

機で成功するためには、ひとつのルールにとらわれることなく、状況の変化に応じて変幻自在に自らを変える柔軟性が必要である。しかし、予期したとおりのことが起こったときにどう動けばよいかを知っているトレーダーは、予期しないことが発生したときにもどう動けばよいかが分かるものである。

　本書では、あふれんばかりの情報の山から必要な情報だけをかき集めなければならないという労力を読者に強いることがないように、また無駄な時間を使わせることがないように、読者が関心を持ち読者に役立つと思える情報のみをコンパクトにまとめた。

ジョージ・ダグラス・テイラー

第1章

市場のトレンドは こうして作られる

How the Market Trend is Made

　「テイラー・トレーディング・テクニック」は、ティッカーテープ（今で言えばモニター）に時々刻々と流される価格データを表形式で記録した「場帳（ブック）」を中核とするテクニックであり、そのデータを基にリアルタイムで価格のトレンドを予測し、重要な買いポイントと売りポイントを見つけだすというメカニカルなトレーディング手法である。いわゆる市場の内部要因のみに基づくトレーディング手法であり、株式や穀物をはじめとするさまざまな商品先物のトレードに適用することができる。

　なかでもこの場帳による手法（ブックメソッド）が特に向いているのが穀物のデイトレードである。なぜなら、穀物市場は活発に取引される市場であり、またトレードするのにそれほど多額の資金を必要としないからである。トレーダーのタイプで言えば、市場の日々の上下動によって利益を得ることを目的として1000～2万ブッシェル（このトレード量は一応の目安として平均的な発注量を示したにすぎない）、あるいはこの穀物量の額に相当する株式をトレードするデイトレーダーに最も向いている。

　短期トレーダーは遠い将来まで見通す必要はない。したがって、場帳による手法は商品経済や広義の意味での投機といった問題とは一切無関係で、日々のチャートを作成する必要もない。これはチャート作

成用システムではない。したがって、市況や天気予報、取組高をはじめとする各種市場データも一切必要としない。

　場帳による手法が目指すものは、ずばり、市場の小さな動きにおける買い、売り、空売りの目標ポイントを見つけることである。また、トレーダーに自分自身の判断力で行動する力を醸成させるのもこの手法の大きな目標のひとつである。こういった力を身につけることで、自分で作成した場帳からトレーダーは値動きを読み取るための自分なりの「やり方」を習得できる。その結果として、トレーダー向けに毎日発せられる「ジャンク情報」を耳にする前に、自分のやり方で価格の動きを察知できるようになり、これまで毎日読んできた「秘密情報」とやらよりも、確信を持って安全な行動をとることができるようになる。

　オフィスに入っても、もうゴシップファイルに手を伸ばす必要はない。トレードに関する意思決定は、市場がオープンする前にすでに終えているからだ。あとは寄り付きを見てトレードするかしないかを決めるだけである。外からのコメントや意見にも一切惑わされることはない。

　トレーダーたる者、当然ながら、自分のビジネスについてはあらゆることを知っておく必要がある。これはいかなるビジネスにおいても同じである。しかし、前述した目標ポイントの決定に外的影響を介入させてはならない。テープに流れる価格には周囲で話題になっているニュースはすべて織り込み済みである。したがって、信じるべきものはテープに流れる価格のみである。たとえ、テープに流れる価格がトレーディングルームに貼りめぐらされた「日々の秘密情報」で読んだばかりのニュースに合致していないと思えても、である。

　穀物・株式トレーダーは投機家のあるべき姿そのものを表している。つまり、トレーダーであると同時に、オペレーターであり、仕手筋でもなければならないというわけである。市場では常に相場操作が行わ

れている。したがって、良いトレーダーになるためには相場操作の原理を理解する必要がある。

　換言すれば、優れた仕手筋は優れたトレーダーになれても、優れたトレーダーだからといって優れた仕手筋になれるとは限らないということである。いずれにしても、買いと売りが価格をどう動かすかについてはトレーダーも仕手筋もよく理解しておく必要はあるだろう。

　組織化された売買、いわゆるプールが禁止される以前は、株式や商品の仕手筋は相場をつり上げるのに、場合によっては何千株あるいは何千ブッシェルという株式や商品を買わざるを得ないこともあった。当然ながらこれらのトレードのほとんどは自己勘定である。このように株式や商品を継続的に買うことで価格をつり上げ、同業者に高値で売って儲ける。これが相場操作の原理である。しかし、規制があるなしにかかわらず、市場の動きは今も昔も変わらない。トレーダーたちがそれぞれに独立した動きをしながらも同じ目的を持つかぎり、価格は一定のサイクルで上昇・下落を繰り返すのである。

　こういった相場操作の原理を理解している投機家が何かを売買したいと思った場合、彼はまず何をするだろうか。おそらくはまずインサイダーによる売買に注目するだろう。彼らの動きはテープを見れば一目瞭然である。したがって、投機家は真っ先にテープを読むはずだ。テープを読んでどんな売買が行われているのかを分析し、相場がどの方向に動いているのか、あるいは動くのか——つまり、トレンド——を読み取ろうとする。このトレーダーが探しているものは値動きのなかにあるメカニカルな動きである。相場操作というものは本質的には機械的な動きを伴うものであり、仕手筋が繰り返す機械的な動きによってやがて価格パターンが形成されていくからである。

　それでは相場操作について見ていくことにしよう。株式や商品の値動きの背景には何があるのか。テープの動きは穀物であろうと、株式であろうと、商品であろうとすべて同じである。

まずは株式から見ていこう。今、ある株が継続的に買い集められているとする。われわれにとって継続的に買われている理由や目的などはどうでもよい。しかし、相場が揉み合うのは株式の継続的な買い集めや売り抜けによるものであることは知っている。こういったときに「場帳トレーダー」が最も関心があるのは、トレードのタイプ、つまり買われているのか売られているのかと、それによって株価がどう動くのか、である。そして、場帳が示すように、市場の動きが最も機械的になるのはこういうときである。

さて、特定の株式や商品に関する一般情報と特殊情報、加えて穀物、供給と需要、各企業の決算と経営状態に関するデータがすべて準備できたとしよう。こういったデータの収集・調査・分析は、集中的な売買を行うときには事前に終えていなければならない。しかし、いったんトレンドが形成されると、それが上昇トレンドであれ下降トレンドであれ、かなり長期にわたって続くことが分かっており、いずれの方向のトレンドにもさまざまな局面が起こりうることを知っている場帳トレーダーにとって、これらの情報はほとんど不要である。

穀物をはじめとする商品の継続的な買い集めは相場操作以外の目的で行われることが多い。事実、相場操作の目的で行われるケースはきわめてまれである。しかし、このきわめてまれな相場操作が価格を大きく動かすこともあるのである。

ここである動きが始まりつつあるとしよう。原因や目的ははっきりしないが、とにかく動きが始まる。このときも場帳トレーダーが関心があるのは、動きが始まりつつあることだけであり、どっちの方向に動くのかはあまり気にしない。今どういう状態なのかというと、あなたはある日のテープである株式やある先物が力強く上昇していることに気づく。価格の上昇は数日間続いている。しかし、その上昇もやがては止まり、今度は下落し始める。しかし、それほど大きくは下落しない。何かが下落を阻止しているような感じを受ける。すると再び上

昇を始めるが、今度は数セントか数ポイントしか上昇せず、そのあと再び数セントか数ポイント下げる。しかし、その小さな動きの底から天井までの動きを分析すると、底から天井まで動くのに平均で3日、天井から底までの押しには1日か2日しかかかっていないことに気づく。

　この株式や先物が価格つり上げのために操作されていたとすると、どういう風に操作されていたのだろうか。やり方はおそらくは今も昔も同じで、株式や先物を継続的に買うというのが主流だろう。当然ながら、その仕手筋はすでに自分の目標株数や目標枚数は買い集めており、価格が動くためのほかの条件もすべてそろっている。

　彼はまず市場を少しだけ上回る水準、例えば、4～5セントか4～5ポイント高い水準で買い始めるだろう。この水準は「身動きの取れなくなった」トレーダーや、手仕舞いしたがっているトレーダーが執行を今か今かと待っている水準だ。こうして市場をプレッシャーから解放し、障害を取り除いてやれば、市場は上昇する。それが彼の目的だ。この株式を買う目的はあくまで価格のつり上げのためである。

　動きが活発化し、しかも上昇しているとなると、プロトレーダーも一般トレーダーも市場に引きつけられる。この外部からの買い需要に応えるのは、価格を動かすために彼が買い集めた株式である。この買い需要は値動きの初期段階で彼が買い集めた量よりも多くなければならない。買い需要が彼の持っている株数を上回ったとき、彼はその株を空売りする。これは、ちょうどテープを読むベテラントレーダーがやることそのものである。価格の上昇速度が鈍ってくると、彼はインサイダーによる買いがないことを確信して、売りと同時に空売りを仕掛けるのだ。市場にはもはやマーケットメーカーのバイイングパワーはなく、インサイダーは株を放出し始める。外部トレーダーからの買い需要はこういった株式によってまかなわれる。そしてすべての需要が満たされたところで、株価は上昇をやめる。

買い注文がなく、価格の上昇速度が鈍り始めるか上昇がストップしたことを察知したベテラントレーダーは、利食いすると同時に空売りをする。売りが先行することでその株式や先物の価格は下落し始める。そして、価格が下落し始めるとその仕手筋は今度はその株式や商品を支え始める。つまり、市場よりも数セントか数ポイント上回る価格で外部トレーダーたちに売りつけばかりの株式や商品を彼らから買い直すわけである。それと同時に、その株式や商品の需要が高まったときに空売りしたものを買い戻す。外部トレーダーが買った株式の買い直しと空売りの買い戻しによって株価の下落はストップする。

　そして彼はまた同じ手順を繰り返す。上昇中の株式や穀物を買い集める。すると価格は再び上昇する……。彼はこの買いと売り――下落したら買い、上昇したら売る――を交互に繰り返す、ただし、底も天井も徐々に切り上がって価格が徐々に上昇するように。これを毎週、または毎月繰り返す。これは価格が天井を付けるまで続く。彼らが買いと売りを交互に繰り返すことで市場は暴走することなく安定を保つ。こうした価格の上昇と下落によってトレーディング市場は形成されているのである。

　場帳にマイナートレンドを機械的に記録する理由はこれでお分かりいただけたことと思う。トレード日のなかには、小さな上下動が絶え間なく発生する日があるかもしれないが、場帳は各トレード日における主要な目標値を明確に示してくれる。

　例えば、買いの日の目標値では買いが予想される。支える買いが入ると、価格は上昇し始める。これをテープで確認する。

　一方、売りの日（買いポジションの手仕舞いの日）の目標値では売りが予想される。この売りとそれに続く下落をテープで確認する。

　また、空売りの日の目標値では価格は上げ止まるはずなので、売りが買いに先行しているかどうかをテープで確認する。売りが買いに先行していれば、動きは鈍るか止まって、やがて下落を始めることが予

想できる。

　株式や先物が上昇して押して再び上昇するという動きを繰り返すメカニズムについては理解していただけただろうか。安値が切り上がると、それに伴って高値も切り上がる。安値（目先底）は一時的な支持線水準である。テープを見ると、こういった支持線水準の近辺では売買が少なくなることが分かる。同じように、小さな動きの高値（目先天井）、つまり供給ポイントでも、売買は減少する。ただし、いつもこうだとは限らない。売買のたびに安値を更新し、支持されるまで下げ続けることも時折ある。

　市場を若干上回る水準での売りがほとんどか、まったくない場合、仕手筋は価格を素早くつり上げる。これはトレーダーたちの関心を引き、彼らの買いを誘う。彼らの買う株式は仕手筋によって提供される。こうして仕手筋には買った株式を売ると同時に、空売りする機会がもたらされる。

　場帳による手法は目標ポイントにのみ注目し、価格が一気に目標ポイントに達するかどうかについてはあまり気にしない。もちろん、価格が目標ポイントに達するまでに商いが活発でなかった場合、トレーダーにとっては買ったり売ったりする好機が増え、良い価格で執行される場合が多いが、価格がこれらの目標ポイントまで一気に上昇したり下落した場合は、素早くかつ確実なプレーが要求される。

　場帳トレーダーは場帳に記録された価格のトレンドに従うだけである。場帳には市場のリズムが記録される。場帳トレーダーはこの市場のリズムに従って、買い、売り、空売りを行えばよい。そして市場がいったん買い、売り、空売りのサイクルに入れば、場帳にはそのサイクルが明確に記録されるため、確実なトレードが可能になる。

　事実、場帳の長年にわたる記録が示すように、市場は今も昔も明確な１－２－３リズムで動いている。ただし、時折、１－２－３－４リズムになったり、１－２－３－４－５リズムになったりすることはあ

る（それぞれの数字は日を表す）。例えば、1日目、2日目、3日目と上昇して押す、といった1－2－3パターンを基本とするならば、4番目と5番目の数字は、上昇トレンドの場合はもう1日か2日上昇が続き、下降トレンドの場合はもう1日か2日下落が続くといったバリエーションを意味する。このようにビートが1～2日間延びることもときどきあるが、市場のリズムは驚くほどの規則性を持つため、相場操作の手法は今も昔も変わらないように思われる。つまり、上昇トレンドでは3日目か4日目ごとに買っては売り、下降トレンドでは3日目か4日目ごとに売っては買い戻すということである。場帳は市場のこういった動きを忠実に記録している。

　場帳による手法では3日間を1トレーディングサイクルとし、4日目と5日目は新しいサイクルの1日目と2日目と考える。サイクルの1日目は買いのために用い、2日目と3日目は売りのために用いる。これは3デイトレーディング手法でのやり方だ。しかし、例外的にデイトレードを行う場合もある。これについては「買いの日のローバイオレーションで買う」の第6章で説明する。

　場帳による手法はこの市場のリズムと反復的な動きを基本にしたものだが、表形式──表の各欄に数値を書き入れ、各トレード日の高値と安値を丸で囲み、買い、売り、空売りを示すトレンドシグナルを記入──は過去何年にもわたる観察とリサーチから生まれたものである。

　場帳トレーダーにとっては1日1日がひとつの完全なサイクルである。つまり、常に頭の中に自分が想定する目標値というものがあり、日々それを探すということである。その目標値は、買いポイントの場合もあれば、売りポイントや空売りポイントの場合もある。

　市場についてだれがどう思っているかなど聞く必要はない。本書をここまで読んできた読者であれば、ベテラントレーダーの発言でもないかぎり、他人の意見などほとんど価値のないことにもうお気づきのはずだ。ベテラントレーダーとて、おそらくは「あなたの注目に値する」

ほどの意見は持っていないだろう。自分がどう考えるのかと、自分の経験や忍耐力がトレードのすべてなのである。場帳はトレーダーが信頼できるものでなければならない。そして場帳が信頼できるものであるかどうかは、そのトレーダーに依存する。つまり、トレーダーは日々の数字──始値、高値、安値、終値──を正確に場帳に記入し、正しいトレンドをつかむために記入したトレンドシグナル（×とV）を常に注意深く観察しなければならないということである。

　場帳による手法では、1日の下落幅として平均的な下落幅を想定しているが、時として、特に強い上昇トレンドでは、1日で平均を上回って大きく下落することがある。これは特に空売りの日で発生することが多い。そして翌日の買いの日に空売りの日の安値が試されるが、大概はこの安値を少し上回る位置で下げ止まる。買いの日の安値が空売りの日の安値を上回ることを「安値の切り上げ（ハイアーボトム）」と言う。安値の切り上げでの買いは利益に結びつくことが多く、この安値の切り上げと翌日の売りの日の高値との差が利益になる。このあと大概はもう1日上昇するので、上昇しきったところで空売りする。

　上げ相場や下げ相場といえども、価格は小さな上下動を繰り返しながら一定の方向に進むため、われわれはそれぞれの相場をひとつの連続したトレンドとしてとらえ、ひとつの例外を除き、そのトレンドにおけるすべての上昇と下落でトレードする。この例外についてはこのあと説明する。

　上昇トレンドでのトレーディングでは、高値（目先天井）と安値（目先底）が徐々に切り上がることはすでにご存知のとおりである。上昇トレンドでのトレーディングにおいて買いの日、売りの日と徐々に上昇してきたら、もう1日上昇が続くと見てよく、この上昇スイングは空売りの日に売りの日の高値を上抜いた時点で止まる。この場合、この上昇しきったところが空売りポイントになる。これとは逆に下降トレンドでのトレーディングでは、高値（目先天井）と安値（目先底）

を徐々に切り下げながら下落していくので、この下落の動きが止まるのを待ってから買いを入れる。詳しくは「買いの日のローバイオレーション」の章で説明する。

　場帳による手法では注文は指値ではなく「成り行き」で入れ、「ストップ（逆指値）」は使わない。天井と底を当てようとするのはよくないことだが、不思議なことに、場帳による手法では少し経験しただけで天井と底をとらえられるようになる。しかも最後の1/8ポイントの精度で。絶好のタイミングで発注していることを「感じる」ことができるようになるまでに、それほど時間はかからないはずだ。この感覚はトレーダーにとってはきわめて重要だ。どのプレーでも天井と底をとらえることができなかったとくよくよしてもいいことはない。プレーするときには自分は正しいことをしているのだという「感覚」が大事なのである。そして思ったとおりの結果が出れば、物理的な収穫よりもはるかに大きな無形の財産を手に入れることができる。トレーダーにとって、自分の正しい行為で得られた利益ほど大きな満足感を与えてくれるものはない。

　場帳の下落列と上昇列はきわめて重要だ。場帳の下落列と上昇列の数字を少し研究すれば、株式や先物の動きを観察しながら、安値から高値までの値動きの幅や、高値から安値までの値動きの幅の大方の目安がつくようになる。値動きのおおよその幅を予測できれば、価格が動き始めたらその初期段階で、自分の目標値の位置を確認できるようになるだろう。また、先物価格は受け渡しが近づいたり納会近くになると、また、株価は底から上昇し始めると、振れ幅が大きくなることにも気づくはずだ。つまり場帳の下落列と上昇列からは、値動きが大きくなっているのか小さくなっているのかということや、価格が上昇から下落に転じたのか、あるいは下落から上昇に転じたのかが分かるだけでなく、買い目標と売り目標を自動的に決めるための自分なりのルールを導き出すこともできるのである。

市場が動き始めた直後や初期の段階、あるいは揉み合い、買い集めや売り抜けの期間は、目標ポイントにあと一歩のところで到達しなかったり、わずかに上抜いたり下抜いたりと、のろい動きにイライラさせられるものである。こんなとき、動きが本格化するとすぐにトレードしたい衝動に駆られるが、こんなときこそ冷静さが必要である。買いや売りを急ぎすぎてはならない。ここは我慢のしどころだ。経験を積んで動きを予測できるようになるとすぐにトレードしたいという衝動に駆られるが、こういったときほどはやる気を抑え、衝動に負けないことが大切だ。

　ここで指摘しておきたいのは、穀物市場はいったん動き始めると動きが速いということである。しかし、場帳は市場の速さを上回る。場帳には将来の動きがすでに記録されているからである。当然ながら、この場帳を活用している場帳トレーダーも将来の動きは予測できている。したがって、市場が目標ポイントに近づくか、それを少し上回ったときは我慢のしどころである。なぜなら、先物は動きが本格化すれば、動き始めのときよりも大きく動き、目標ポイントを大きく抜けるからである。これがビッグプレーにつながるのである。

市場が自分にとって有利な状態になるまで待て

　利益が出ると「感じる」、あるいは確信できるまでは、あるいは目標ポイント間の差が小さすぎるときは、市場が自分にとってもっと有利な状態になるまで待つことが重要だ。先物や株式の過去のデータを見ると分かるように、市場にはトレード機会は無数に存在し、しかも頻繁に発生する。そこで重要になるのが、目標ポイントを前に付ける（×マーク）か、後に付ける（Ⅴマーク）か、である。これらのマークが正しい順序で発生していれば、真のトレンドが分かるだけでなく、そのトレンドの強弱も分かる。

目標が買いであっても売りであっても、自分の目標ポイントに達するまで辛抱強く待つことが大切である。例えば、相場が下へ強く動くと思えるという理由だけでうかつに空売りしてはならない。おそらくそれは真のトレンドとは逆向きの強い動きで、結局は真のトレンドに逆らってトレードすることになるからだ。

　市場が下落することを期待し、きっと下落すると「感じる」とき、大概は価格は天井近くにとどまり、引け間際にようやく「反転」して下落することが多い。上昇を期待する場合も同じである。上昇すると感じても、日中は安値辺りをうろつき、引け間際に上昇するのが一般的である。市場が自分の目標値と逆方向に動いているように思えても、焦って性急な行動を取ってはならない。

　最も強力なプレーになるのは、買いの日、売りの日、あるいは空売りの日で目標ポイントを前に付けたときである。この場合、そのプレーはほぼ確実に短時間で利益を生み出すプレーになる。

　真のトレンドとは、目標ポイント間のトレンドであり、われわれはこのトレンドに沿って売買を行う。したがって、小さな上下動とは明確に区別しなければならない。価格はある方向に動いたかと思えば反転し、再び元の動きに戻るといった動きを繰り返しながら買い目標や売り目標に近づいていく。こういった小さな上下動は買い目標や売り目標に向かう真のトレンドと混同しやすいが、真のトレンドの方向性を変えるものではないのでしっかりとした見極めが必要だ。

　こういったことを何も知らないトレーダーは反転したから、あるいは底を付けたからと思って買いを入れる。そして株価が上昇し始めて真のトレンドに乗ったところで売ってわずかな利益を得る。これはたまたま運良くこうなっただけであり、これに味をしめて次のトレードでもわずかな利益を取ろうとすると、今度は最近得た利益を根こそぎ持っていかれるだけでなく、手持ち資金をも食いつぶすほどの大きな損失を被る。こういったトレードを２～３回も行えば、平均損益はマ

イナスになる。

　場帳トレーダーでも当然ながら損は被る。しかし、彼には損を被る理由が分かっているし、損を被ることで、そう遠くない将来もっと大きな利益機会が得られることも分かっている。そして、その大きな利益機会がいつ発生するのかも、発生した利益機会を最大限に利用する方法も知っている。

　場帳トレーダーは優れたトレード手法を持っているという点では人よりも有利な立場にあるかもしれないが、それが絶対確実な方法ではないことも分かっている――まあ幸いにも、そんな方法は今のところはない。また、トレーディングはフルタイムの仕事として扱うべきものであることも知っているが、常に勝つ必要はなく、トータルで見て最後に勝者になればよいことも知っている。これがトレーディングというものであり、ほかのいかなるビジネスにおいても同じである。場帳を学ぶことで、トレーディングは結局は平均なのだということが分かってくる。これはインサイダーにしても同じである。ただし、平均すると勝ちにならなければならないことは言うまでもない。

　どのプレーも勝ち負けの確率は五分五分だが、勝ったときの利益は負けたときの損失よりもはるかに大きい。これが、「平均すると勝ちになる」の意味するものである。いかなる方法であれシステムであれ、成功する確率がフィフティーフィフティーであれば、いかに欠点があろうとそれは優れた方法でありシステムなのである。

　データを注意深く調べてみると、市場は50％の時間帯は同じ動きを繰り返していることが分かる。つまり、空売りの日の高値は50％か、それ以上の確率で売り目標である売りの日の高値を上回るということである。空売りの日や買いの日の目標値についても同じである。当然ながら、目標値を突破しないケースも50％の確率で発生する。

　トレーダーの期待どおりに市場が彼の目標値に達することはそこそこの確率であり得ることであり、利益の出る価格でトレードすること

も、長期にわたってトレードすれば、平均すると勝ちになることもまたそこそこの確率であり得ることである。

　値動きについてはかなりの研究がなされており、その結果、株式とすべての穀物先物は長期にわたってほぼ同じパターンの動きを示すことが分かっている。したがって、将来の価格パターンは過去の価格パターンに従うと想定するのは理にかなった考え方だろう。

　株式や穀物の動きが似通っていることはすでに述べたとおりだが、これはつまり株式や穀物はすべて同じような上昇や下落の繰り返しとみなすことができるということである。しかし、同じような動きをしながらも、なかには上昇や下落の幅がほかよりも大きく、高値や安値を付ける時期がほかとは異なるものもある。そこで役に立つのが場帳である。何種類かの銘柄や穀物の値動きを常に場帳に記録していれば、値動きの大きい銘柄や穀物を「特定」することができるため、トレード対象をそれらに絞ることができる。

　場帳による手法ではそれぞれのトレード日を予想される動きによって買いの日、売りの日、空売りの日と定め、そのときにトレードしている銘柄や先物以外の値動きや外的影響に惑わされることなく、トレードしている銘柄や先物にのみ神経を集中させ、自分が狙いを定めた目標ポイント近辺で発生する動きにのみ注目する。

　われわれは「うわさ」も、ニュースも、シカゴの「連中」が何々をしているといった話も気にしない。「テープ」上に現れるものこそが結果であり、われわれはその結果をうわさやニュースや話が伝わってくる前に知ることができる。

　例えば、買いの日では、価格が前日の空売りの日の高値から何ポイント下落するのかを観察する。また上方に窓を空けて寄り付いたあとそのまま上昇し続けて前に高値を付けたのか、あるいは下方に窓を空けて寄り付いたあとそのまま下落し続けて前に安値を付けたのかにも注目する。前に高値を付けた場合は、高値を付けた時点で売られて、

そのあと下落することが予想され、逆に前に安値を付けた場合は、安値を付けた時点でサポートの買いが発生するため、そのあと上昇することが予想される。さらに、前日よりも下げたのかどうか、もしそうならばどれくらい下げたのかにも注目する。われわれは平均下落幅というものを知っているため、その下落幅を平均下落幅と比較することで、その時点でどういった売買がどれくらい活発に行われているのかを知ることもできる。

買いの日に前に高値を付けた場合、空売りの日の高値を上回るのが普通であり、したがってその位置から下落が始まることが予想される。ここでわれわれが注目するのは、①「一気に売られる」のか、②売りとサポートの買いを繰り返しながら徐々に下落していくのか、③どこまで売られるのか、つまり前日の空売りの日の安値まで下げるのか――どうかである。

前日の安値まで下落してきたら、次はそこから上昇しそうかどうかを見る。通常、このように下落してきた場合、安値を付けたあとではやや戻すのが一般的であり、安値の上ではかなりの売買が行われる。売買のたびごとに上下はしても下落したときの底は安値までは下落しないで、徐々に上昇していく。この値動きからはかなり高く引けることが予想される。これは真のトレンドが上昇トレンドであることを示しており、これがわれわれが沿うべきトレンドである。どのように買うかについては「買いの日」の章で詳しく述べる。

以上は「テープ」の読み方の一部を紹介したものである。信じられるものはテープ以外にない。短期トレードではテープ以外の何物も信じてはならないことを肝に銘じておいてもらいたい。

テープを読むのは非常に難しい作業であり、正しく読めるようになるにはかなりの経験と、投機取引や市場に関する基本的な知識を必要とする。しかし、「テープを読む」本当の目的は、集中的な売買を発見しトレンドを見極めることにある。物を言うのは、観察力と記憶力、

そしてパーセンテージを頭の中で素早く計算する能力である。見た数字を素早く記憶し、紙も鉛筆も使わずに頭の中で即座に計算できなければならない。

　幸いにも小さな動きはその動きを定期的に繰り返すという習性を持つため、集中的な売買が行われる、いわゆる目標ポイントはテープ上に示される一つひとつのティックを常に監視していなくてもつかむことが可能であり、しかも場帳にはこれらの目標ポイントが機械的に記録されるため、それほどのハードワークを強いられることはない。集中的な売買が発生するのはこれらの目標ポイントの上か下だ。つまり、見るべき個所ははっきりしているのである。目標ポイント間の小さなトレンドはすべて無視する。

　例えば、買いの日の安値から、空売りの日に空売りの日の目標ポイント（売りの日の高値）に達するまでには何千という取引が発生し、それが絶え間なくテープ上に流される。買いの日の安値から空売りの日の高値までの上昇はひとつの上昇パターンであり、一般にこの種の上昇では、買いの日で高く引けたあと、翌日の売りの日は、売りの日の目標ポイント（買いの日の高値）を上抜けて前に高値を付けたあと下落し、その後上昇して高く引ける。その翌日の空売りの日は、上方に窓を空けて寄り付いたあと空売りの日の目標ポイント（売りの日の高値）を抜けて前に高値を付ける。詳しくは**図4.1**（10月13、14、15日）を参照されたい。

　この種の動きは全時間帯のおよそ50％で発生する。特に顕著に見られるのが、季節性の上昇スイングにおける上昇トレンドでのトレーディングにおいてである。これはマイナートレンドのなかでは最も長期にわたる上昇に当たる。もし空売りの日に高値で引け、翌日の買いの日が上方に窓を空けて寄り付けば、別のサイクルが始まったことを意味するため、再びトレード機会が到来する。空売りの日で後に高値を付けた場合、空売りはしない。こういった場合は買いの日で前に高値

を付けるのを待つ。これもまた別のサイクルの始まりを意味するため、新たなトレード機会の到来とみなすことができる。

　市場が今、上のケースのような長期にわたる上昇スイングにあるものと仮定しよう。株価は今、空売りの目標ポイント（売りの日の高値）にある。この位置を抜けたら空売りする。空売りの日に平均で売りの日の高値をどれくらい上抜くかは場帳のその列を見れば分かる。今ちょうど高値を突破しようとしているとき、われわれはどういった取引が行われているのかを観察する。「のんびり」と「ゆっくり」としたペースで抜けるときは、若干大きく突破したあと反転する。逆に少数の「衝動的な」取引によって１ポイントの数分の１程度しか突破しないような場合もあり、そのときの動きは速く、彼らが「なにがしか」を手に入れたらすぐに反転する。しかもこのときの下落のピッチは速いのが普通だ。この動きについては「空売りの日」の章で詳しく説明する。

　場帳トレーダーには選択肢がある。つまり、トレード日ごとに目標ポイントを設定するデイトレードも可能だし、３デイトレーディング手法を使う（つまり、３日ごとに売り買いする）こともできる。３デイトレーディング手法についてはあとの章で説明する。

第2章

場帳の作成方法

How to Make up the Book

　場帳を作成するには、まず1列目の上に年（西暦）を書き入れ、タイトル（銘柄名、商品名など）を付ける。次に、1列目に場帳を開始する月日と曜日を記入する。

　2列目から5列目には、その日の始値（O）、高値（H）、安値（L）、終値（C）をそれぞれ記入する。

　始値、高値、安値、終値は10日、または3スイングにわたって毎日記入する。次に、その間の最安値（1949年6月18日土曜日。**図2.1**を参照）を丸で囲み、その日を買いの日とする。次にその前日の高値の数字を丸で囲み、その日を空売りの日とする。そして空売りの日の前日の高値の数字を丸で囲み、その日を売りの日とする。その前日は再び買いの日となり、安値の数字を丸で囲む。こうして開始日まで時間を過去にさかのぼって同じ要領で数字を丸で囲んでいく。開始日までさかのぼったら、再び最初に丸を付けた買いの日の安値（195 7/8）に戻り、今度は逆方向に同じ要領で丸を付けていく。丸を付け終わったら場帳を見てみよう。場帳には、買いの日、売りの日、空売りの日、そしてまた買いの日、売りの日、空売りの日……という具合に同じサイクルがいくつか現れたはずだ。場帳の最初の日が買いの日か、売りの日か、空売りの日かは気にする必要はない。また、日曜と祝日はスキップして空白行を作らないようにする。つまり、市場を途切れるこ

となく続く一連の連続体とみなすわけである。

　図2.1はあるトレーダーが作成した場帳を示したものだ。場帳はいつからスタートしても構わない。ここに示したものは、そのトレーダーが常に携帯している場帳の1ページを切り取ったもので、実物大である。トレードに必要な情報と記録のすべてがこの場帳に収まっている（**図2.1**と**図2.2**）。文房具店で横線の引かれたこのサイズのメモ帳を購入したら、あとは縦線を引いてタイトルを付ければ場帳の準備は完了だ。1冊の場帳には2つの穀物、または2つの銘柄を記録することができる。場帳の各ページは図2.1に示したようなものになる。マークの付け方に注目しよう。

　この場帳には1ページに18トレード日の数字が記入されている。**図2.1と図2.2**を合わせた2ページ分を見れば、1ページだけを見るよりも値動きをより大局的につかむことができる。

　この2ページだけで、高値や安値を前に付けたケース、高値や安値を後に付けたケース、目標値を前に突破したケース、目標値を後に突破したケース、目標値を突破しなかったケース、買いの日の安値の切り下げ（Buying Day Lows Under）、買いの日の安値の切り上げ（Higher Buying Day Bottoms）、買いの日のローバイオレーション（Buying Day Low Violations）、3デイトレーディング手法が買いサイドからのみ可能なケース、買いと売りの両サイドから可能なケースといった具合に、「すべての動き」が網羅されている。

　これらのページに記載された値動きは、上昇トレンドでのトレーディングの一部を示したものである。6月9日（**図2.1**）と7月21日（**図2.2**）の終値に注目しよう。9 5/8（205 1/8 – 195 4/8）ポイント上昇している。どういったプロセスを経たかについては6列目の「D」と7列目の「R」の数字を見る。

　だから儲けが9 5/8ポイントになったかというと、必ずしもそうとは言えない。儲けはこの間のトレードを通じて実際に得られた現金で

図2.1

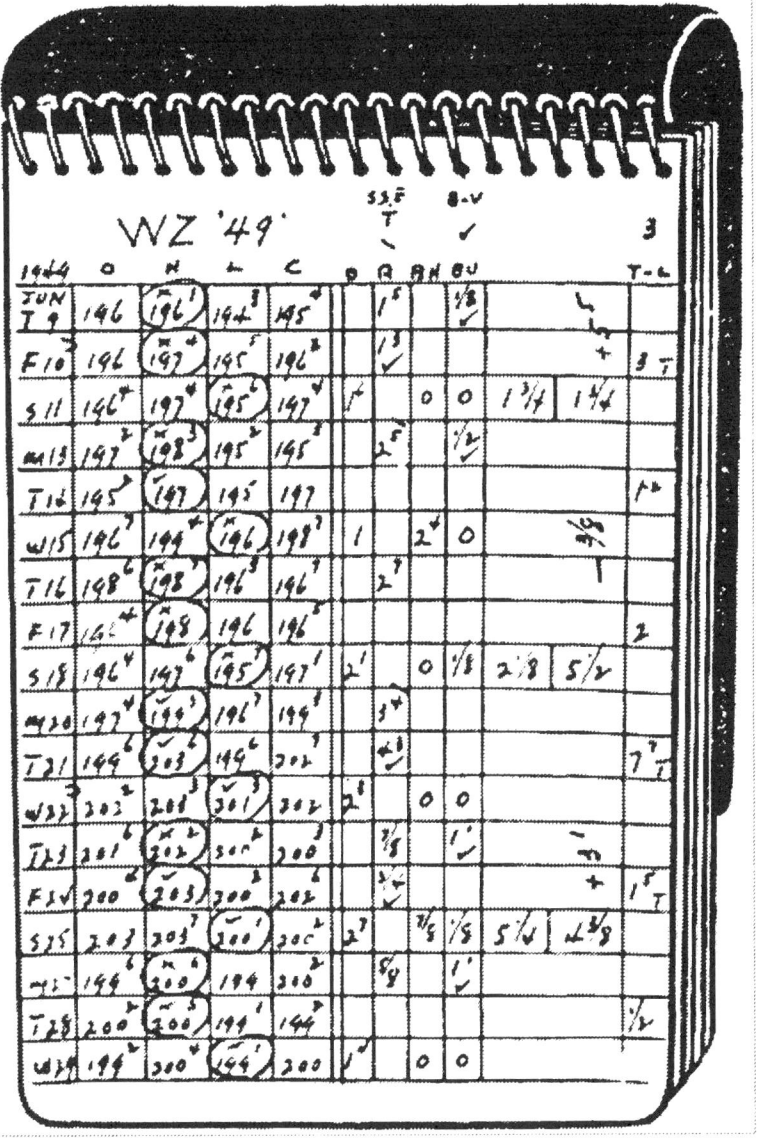

図2.2

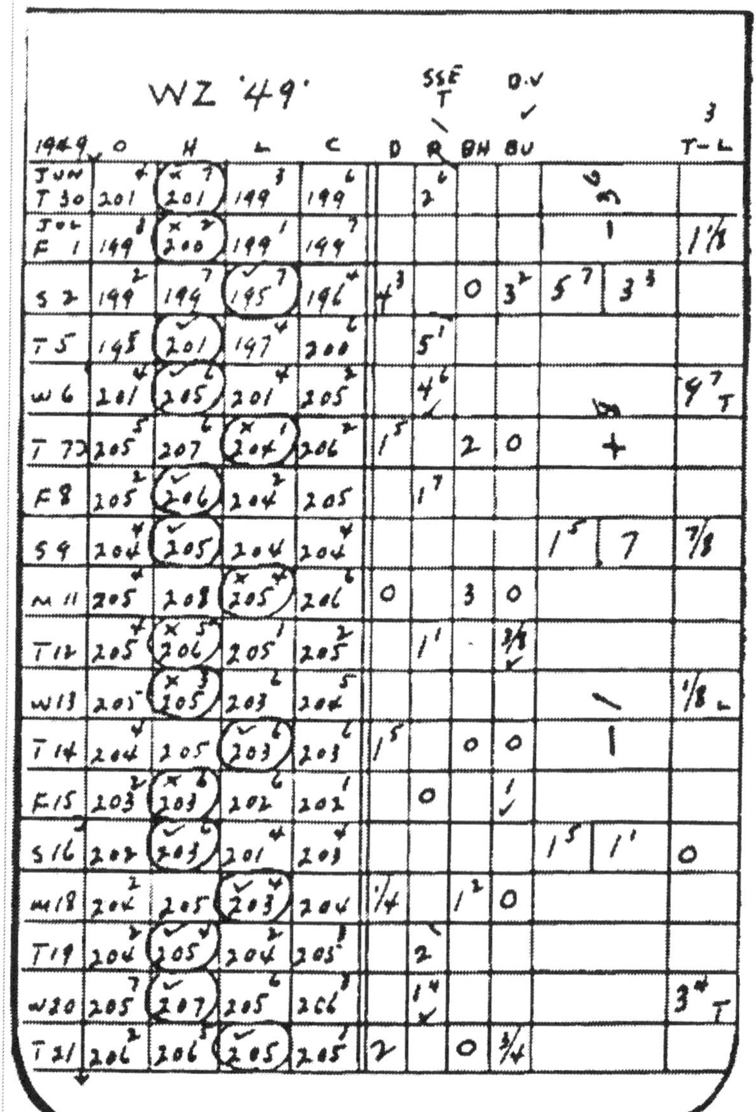

WZ '49'

1949	O	H	L	C	D	R	BH	BU			T-L
JUN T30	201^4	201^7	199^3	199^6		2^6					
JUL F1	199^8	200^7	199^1	199^7					1		1 1/8
S2	199^2	199^7	195^7	196^4	4^3		0	3^2	5^7	3^3	
T5	198	201	197^4	200^6		5^1					
W6	201^4	205^6	201^4	205^2		4^6					4^7 T
T7	205^5	207^6	204^1	206^2	1^5		2	0	+		
F8	205^2	206	204^2	205		1^7					
S9	204^4	205	204	204^4					1^5	7	7/8
M11	205^4	208	205^4	206^6	0		3	0			
T12	205^4	206^5	205^1	205^2		1^1		3/8			
W13	205	205^3	203^2	204^5							1/8 L
T14	204^4	205	203^6	203^6	1^5		0	0			
F15	203^2	203^6	202^6	202^1		0		1			
S16	202	203^6	201^4	203^4					1^5	1^1	0
M18	204^2	205	203^4	204	1/4		1^2	0			
T19	204^2	205^4	204^2	205^3		2					
W20	205^7	207	205^6	206^3		1^4					3^4 T
T21	206^2	206^3	205	205^1	2		0	3/4			

これは小麦先物12月限の場帳の１ページで、図2.1の続きを抜粋したものである。この場帳の開始日は１月14日で、その日は買いの日であった。最安値を付けたのはトレード開始から10日後だった。

あって、ペーパー上の数字ではない。したがってこのトレーダーが7月21日にやるべきことは、空売りの買い戻しと買いということになる。またこの間ずっと買い持ちしていた"長期トレーダー"の場合、9 5/8ポイントの一部だけでも利益として手に入れるためにはいつ売ればよいかという問題に直面するだろう。

　買いの日の6列目の「D」は空売りの日の高値と買いの日の安値との差（何ポイント下げたか）を示している。下落しなかった場合（上昇か変わらずの場合）は0を記入する。

　売りの日の7列目の「R」は売りの日の高値と買いの日の安値との差（何ポイント上げたか）を示している。上昇しなかった場合は0を記入する。

　売りの日の7列目の「R」の数字の上に付けられた逆スラッシュ（＼）は、売りの日の高値が前日の買いの日の高値を上回っていたときのみ付けられる。

　空売りの日の7列目の「R」の数字は、空売りの日の高値が前日の売りの日の高値を上回っていた場合、何ポイント上回っていたかを示している。上回っていない場合は何も記入しない。分かりやすくするために色を変えてもよい。

　買いの日の8列目の「BH」には買いの日の高値が前日の空売りの日の高値を上回っていた場合、その差を記入する。上回っていなかった場合は0を記入する。

　買いの日の9列目の「BU」には買いの日の安値が前日の空売りの日の安値を下回っていた場合、その差を記入する。下回っていなかった場合は0を記入する。

　売りの日の9列目の「BU」列は「BV」の記入にも用いられる。「BV」とは「Buying Day Low Violation」（買いの日のローバイオレーション）のことである。売りの日の安値が前日の買いの日の安値を下回っていたときのみ、その差を記入する。下回っていなければ何も記入しない。

色を変えてもよいが、色を変えない場合には数字の下にVマークを付ける。

10列目の「BU」の右側の幅の広い列は、週の最後の日（土曜日）のみ左右に分割され、左側にはその週の「D」列の数字の合計を、右側にはその週の「R」列の数字の合計を記入する。

幅の広い列の水曜日か木曜日辺りに90度回転させて書いている数字は、先週の土曜日の終値と今週の土曜日の終値の差を示している。90度回転させて書いている数字を見れば、その週は前週の土曜日の終値から見て、どれくらい上昇したか、下落したかが分かる。

日々の終値ベースでどれくらい上昇したか、あるいは下落したかを記入する欄はない。というのは、われわれが関心があるのはその日の高値から安値へとどのくらい下落したか、またその日の安値から高値へとどのくらい上昇したかであって、その日の引け時点で前日よりどれくらい上昇したか、あるいは下落したかではないからである。

最後の11列目は3デイトレーディング手法のために用いられるもので、買いの日の安値から2日後の空売りの日の高値まで何ポイント上昇したかを記入する。空売りの日の高値が前日の売りの日の高値を上回る場合は数字の横に「T」を、下回る場合は「L」を付ける。

高値と安値の数字に付けられた「×」と「Vマーク」は価格のトレンドを示す最も重要なマークである。「×」は買い、売り、または空売りの目標ポイントを「前に付けた」ことを意味し、「Vマーク」は「後に付けた」ことを意味する。

これらのマークは買いの日、売りの日や空売りの日において丸で囲まれた数値を前に付けたのか、後に付けたのかを示すために、その日が終了した時点で丸の中に付ける。

中期スイングは、日付列と始値を分ける線を利用したり、日付列の左横に縦に引いた両方向矢印で表す。その両方向矢印に、上昇トレンド（ラインは青色）なら「U」と書き、下降トレンド（ラインは赤色）

なら「D」と書く。この高値と安値の間がトレーディングをする領域になる（このラインは見にくいので、**図11.1**など参照）。

第3章

場帳の各列と記号の説明

Uses for the Columns and Marks

「D（下落）」列

　6列目の「D」列の数値は空売りの日の高値から買いの日の安値までの下落幅をポイントで示したものであり、この「D」の数値の平均値は実際に下落したときにどれくらい下落するのかを予測するのに使える。過去のデータからはそれまでの最大下落幅も分かるため、それも将来の任意の時点における下落幅を予測するのに使える。

　さらに、この「D」の数値からは、空売りの機会の回数と、ショートサイドにおける下落幅のトータルも知ることができる。

　比較的安い価格で取引されている銘柄は値幅が狭いため、高値と安値の差は小さいのが一般的で、逆に比較的高い価格で取引されている銘柄は値幅が広いため、高値と安値の差は大きくなる。また、期近限月の場合や納会近くになると、その銘柄の内部要因によって高値と安値の差が拡大することもある。株式の場合、高い価格で長期にわたって上昇を続けたあとは高値と安値の差が拡大する。

　「D」列に示された下落幅は真の高値からの下落幅ではないこともあるが、真の高値か否かはわれわれにとってはどうでもよい。われわれが知りたいのは、あくまで、空売りの日の高値から翌日の買いの日の安値までの差である。

この「D」列の数値からは、任意の週や穀物オプションの残存期間中に買い機会がどれくらいあるのかを知ることもできる。また、株式の場合は、高値と安値の差がトレードできなくなるほど縮まるまで買いの機会があると考えてよい。
　一般に、この「D」列の下落幅の平均値は新規買いすべきところを示すものであるが、買いポイントについては次のトレードルールに従うのがよい――「買いの日においては前日の安値を下回ったら買い戻し、そして買え」。

下落幅ゼロが意味するもの

　空売りの日が安値から上昇して、その日は高く引けるか高値で引け、翌日の買いの日が上方に大きな窓を空けて寄り付いた場合、「D」列の数字はゼロになる。こういった「下落幅ゼロ」現象はそれほど頻繁に発生するわけではないが、買いの日の安値と空売りの日の高値を観察することで予想することはできる。買いの日の安値が空売りの日の高値と同じかそれを上回るとき、「D」列の数字はゼロになると考えてよい。一般に、「D」列の数字がゼロになった場合、そのあと最低1日は価格は高い水準で推移する。小麦先物（WK、参考資料の**図A**）やトウモロコシ先物（CK、参考資料の**図B**）を参照して、「下落幅ゼロ」が発生したあとのトレンドをチェックしてみよう。
　空売りの日の高値と安値の差が大きい場合や空売りの日の高値から買いの日の安値までの平均下落幅とほぼ同じ場合、同日中に買い戻す。高値－安値間の差を見ていてあまり下げないと判断した場合、その安値を翌日、つまり買いの日の買いポイントにする。
　市場の動きが速く「パニック状態」にあり、1日で空売りの日の高値から買いの日の安値までの平均下落幅を上回るだけ下げた場合、買いの日を待たずにその日のうちに買い戻す。なぜなら、このように急

落したあとは急激に上昇するのが普通だからである。ただし、ドテンはしない。安値を付けたあと必ず上昇するという保証はなく、またこの手法では、買いは買いの日か、買いの日のローバイオレーションを前に付けたときにのみ行うことになっているからである。

　空売りの日で安値を付けたあと、株価がたどる道は2通りだ。①ほとんど上昇することなく安値近くで引けるか、②その日の下落分をすべて取り戻してもなお余るほど大きく上昇するか——のいずれかだ。われわれとしてはすでに買い戻して利益を確保しているわけだから、その日のそれ以降の動きがどうなろうと構わないが、もしこの安値で買っていたならば、おそらく前者の①の事態が発生するだろう。世の中とはこんなものだ。安値近くで引けるということは価格は下落傾向にあるわけだから、もし買っていればトレンドがわれわれに有利な方向に変わるまで手も足も出せない状態に陥ることになる。したがって、買い戻したあとはいったん市場から撤退して翌日を待つ。そして翌日に空売りの日の安値か、その下で買う。

　ところで、空売りの日に安値から株価が大幅に上昇して、高値近辺やその日の寄り付きを上回って引けたらどうなるだろうか。同日に買い戻ししなければならないわけはこれでお分かりだろう。これは上昇トレンドを示唆するものであり、空売りの日の丸で囲まれた高値にはvマーク（つまり、安値の後に高値を付けたということ）が付く。この場合、買いの日は上方に窓を空けて寄り付き、そのまま上昇して空売りの日の高値を上回ることが予想される。空売りの日で後に高値を付けた場合、この高値では売らない。この場合、買いの日には前に高値を付けるはずだから、その買いの日の高値で売る。

　空売りの日の安値から価格が上昇したときのことを考えて、われわれは同日に買い戻して利益を確定した。買いの日の安値がこれを下回らなければ買いの日には安値の切り上げで買わなければならないことになるが、これはまったく問題ではない。なぜなら、このプレーは真

のトレンドに逆行する小さなトレンドではなく真のトレンドに沿ったプレーだからである。通常、安値の切り上げでの買いは利益に結びつく。そして、下落幅ゼロのあとは必ず安値の切り上げになる。

「R（上昇）」列

「R」列の数値は買いの日の安値から売りの日の高値までの上昇幅をポイントで示したものであり、空売りの日の高値から買いの日の安値までの下落幅がどれくらい回復されたのか（すべて回復されたのか、一部だけが回復されたのか、まったく回復されなかったのか）を表すものである。翌日やそれ以降のトレンドが上昇トレンドになるのか、下降トレンドになるのかは、この数字から予測することができる。小麦先物（WK）やトウモロコシ先物（CK）の１年にわたる場帳（参考資料の**図A**と**図B**）を見渡して、「D」列の数字が大きかったあとの「R」列の数字をチェックして、翌日やそれ以降のトレンドがどうなっているかを調べてみよう。

「R」列を見れば、売りの機会の回数と、買いにおける上昇幅のトータルも知ることができる。

比較的安い価格で取引されている銘柄は値幅が狭く、逆に比較的高い価格で取引されている銘柄は値幅が広い。値幅の狭い銘柄では、価格が上昇して売り目標に達してもそれほど大きく突き抜けることはない。下落の場合も同じである。一方、高い価格で取引される値幅の広い銘柄では、上昇や下落のいずれにおいても、目標ポイントを大幅に突破する。

逆スラッシュ記号（＼）

７行目の「R」列の数字の上に付けられた逆スラッシュ記号は売り

の日の高値が前日の買いの日の高値を突破したことを示すものであり、この逆スラッシュの数をカウントすれば、売りの日の高値が買いの日の高値を突破した回数が何回で、それがどれくらいの割合で発生し、突破しなかった回数が何回あったのかも分かる。また、この突破幅の平均をとれば、利食いの目標をどれくらいに設定すればよいのかが分かり、突破した時点でどれくらいの利益を得られるのかも予測することができる。場帳を参照して、突破幅を調べてみよう。平均的な突破幅のときもあれば、平均を上回る突破幅のときもあるはずだ。また平均を上回るときがトレーダーに有利に働くことも確認しておこう。

　過去数年の穀物先物を調べてみたところ、この突破は平均56％の確率で発生していた。この突破はほぼ確実に利益に結びつく。そしてそのときの予想利益は、引けの時点では買いの日の安値と高値との差、そして、売りの日における買いの日の高値からの突破幅で計算できる。

　これは、「買った株は前日の買いの日の高値か、それを上回る水準で売れ」というトレーディングルールに合致する。

上昇幅ゼロが意味するもの

　買いの日の安値から価格が上昇せずフラットで引け、かつ売りの日に下方への大きな窓を空けて寄り付いた場合は、6列目の「D」列の数字はゼロになる。こういった「上昇幅ゼロ」の現象はそれほど頻繁には発生しないが、買いの日の安値と売りの日の高値を注意深く観測することで予想することはできる。売りの日の高値が買いの日の安値と同じかそれを下回るとき、「R」列の数値は0になる。一般に、「R」列の数字がゼロのとき、その日以降は下降トレンドになることを意味する。また、場帳を見ると分かるように、上昇幅ゼロは買いの日のローバイオレーションが発生したという意味でもある。買いの日のローバイオレーションは売りの日の寄り付きで発生するが、この安値を付

けたあとは上昇し始めるのが普通である。寄り付きでの下方への窓空けがそれほど大きくなければ、いったんは買いの日の安値までは上昇するものの、再び下落し始める。この場合、ときとして買いの日の安値まで上昇したあと、そのまま上昇し続けて買いの日の高値を抜けることもあるが、買いの日の安値までも上昇しないことのほうが圧倒的に多い。したがって、買いの日のローバイオレーションで買うときの利食いの目標は買いの日の高値ではなく、買いの日の安値に設定する。もちろん、買いの日の安値を上抜いてそのまま急ピッチで上昇して、さらに買いの日の高値を上抜けば、買いの日のローバイロレーションで買ったトレーダーにとってはかなり有利なプレーになる。

　売りの日の寄り付きで買いの日の安値か、その近辺で買ったあと下落した場合、そこから上昇した時点で「成り行き」で売る。この時点では利益になるか損失になるかは分からないが、買いの日の安値以上に上昇すれば利益になる。

　その銘柄が売られて買いの日の安値を下回った場合、そのあとは上昇するのが一般的だが、必ずしもそうなるとは限らない。そこからさらに下がることもある。買いの日のローバイオレーションから少しでも上昇したらなるべく早く手仕舞いしなければならないのはこのためである。しかし、いったん上昇し始めれば買いの日の安値まで戻すのが一般的だ。とはいえ、遅くても買いの日の安値では売るべきである。それ以上の上昇を期待して持ち続けてはならない。ここはいったんは売る。というのは、ここから大きく下落する可能性があるからである。つまり、買いの日に前に付けた高値から始まった下降トレンドがまだ続く可能性があるからである。その銘柄が上昇スイングにあり、価格水準が高いときには特にそうである。

　「D」列の数字が大きいとき、価格が買いの日の安値を下回ったら直ちに行動を起こす必要がある。これは売りの日の寄り付きで発生することが多い。この場合には、下落したときの底から少しでも上昇し

たらすぐに「成り行き」で売る。この時点では利益になるのか損失になるのかは分からないが、「R」列の数字が小さいときは利益になっても小利になることが多い。若干の例外はあるものの、大概はこうなる。パニック売りによって大きく下げた場合、そのあと市場が持ち直して、その下落分以上を回復することも時折ある。これはその日に好材料が出て、その銘柄の内部要因がそれに反応したときによく見られる現象だ。これは売られ過ぎた空売りの買い戻しによるものである。

「R」列のもうひとつの数字──ＳＳＥ（空売りの日の高値が売りの日の高値を上回る）

「R」列の空売りの日の行にある数字は、空売りの日の高値が売りの日の高値を上回っていたことを示し、どれくらい上回っていたかをその数値で表している。この数字は空売りの日の高値が売りの日の高値を上回っていたときだけ記入される。この数値からは、空売りの日の高値が売りの日の高値を上回るときの平均突破幅と、先物が納会するまでや株式の場合は長期スイングの間にこういった現象が発生する頻度も把握することができる。

最近納会を迎えた穀物先物を調べてみたところ、発会から納会までの50％を超える期間で、空売りの日の高値が売りの日の高値を上回っていたことが分かった。

突破幅は１ポイントの数分の１から数ポイントまで多岐にわたるが、それが大きいのか、小さいのか、その中間なのかは、その銘柄の価格帯によって判断することができる。ニュースが発表されると、この突破幅が大きくなったり、下降トレンドでのトレーディングで達した安値から上昇し始めることもある。

前述のように、この数値は「R」列の空売りの日の行に記入されるため、その上に記入された上昇幅（売りの日の高値－買いの日の安値）

との混同を避けるためには色を変えたほうがよいだろう。

　この突破幅を調べれば、空売りの日の高値が売りの日の高値を突破したときにはどれくらいまで上昇するのかがおおよそ分かる。また、この突破幅だけ上昇したら下落に転じることが多いため、転換点も予測することができる。ここで「テープ」をチェックして、あなたの予想が当たっているかどうかを確認してみよう。

「BH」列

　8列目の「BH」列の数字は買いの日の高値が空売りの日の高値を上回っていたことを示し、どれくらい上回っていたかはその数値によって表される。上回らなかったときにはゼロを記入する。BHとBUの数値ゼロは、DとRの数値がゼロのときほどの予測効果はないが、BHの数値ゼロは3デイスイングが終了したことを意味し、空売りの日の高値がその3デイスイングの高値になる。

　「BH」列の数値からは、買いの日の高値が空売りの日の高値を上回ったときの平均の突破幅が計算できるため、将来、この突破が発生したときの突破幅を予測することができる。また突破幅を表にすれば、その頻度も分かる。この突破によって前に高値を付けたときには、素早く空売りする。ただし、この突破によって前に高値を付けるためには、空売りの日の時点ですでに上昇が始まっていなければならず、買いの日で高値を付けたときが2〜3日続いた上昇の終点でなければならない。ここが上昇の終点ならば、そこから下落に転じるはずであり、したがってここが空売りの絶好の位置になるというわけである。

　ここで自分のテープの読みをテストしてみよう。一般に、この時点は上昇トレンドのちょうど終点に当たり、このすぐあと下落に転じるはずである。そういったことが読み取れるかどうか試してみよう。「BH」は買いの日のローバイオレーションが発生したあとで発生す

ることが多い。買いの日のローバイオレーションが発生すると、下降トレンドが１日長引くため、上昇に転じるのも１日遅れる。通常は空売りの日の高値で３デイスイングは終了するが、バイオレーションが発生するとスイングが１日ずれこむため翌日の買いの日は前に高値を付ける。そして、ときには例外もあるが、買いの日で前に付けた高値が３デイ上昇スイングの高値になる。

「BU」列

　９列目の「BU」列の数字は、買いの日の安値が空売りの日の安値を下回っていたことを示し、どれくらい下回っていたかはその数値によって表される。下回っていなかったときには０を記入する。「BU」の数値がゼロの場合、それは安値の切り上げを意味する。つまり、空売りの日から下落したときの支持水準が切り上がっているということである。買いの日の安値が空売りの日の安値を下回っている場合、空売りの日の安値が買いポイントになる。この「BU」の数値は１ポイントの数分の１から数ポイントという開きはあるが、平均値を計算すれば平均の下落幅が分かる。一般に、上昇トレンドでのトレーディングにおいては空売りの日で激しく売られるが、買いの日での売りは空売りの日の安値近辺で一段落する。これは、空売りの日の安値辺りで支持されたことを意味する。これをテープで確認してみよう。この辺りで支持されるのは、インサイダーが直前の上昇で空売りしたものを買い戻しているのと同時に、市場を若干上回った水準でインサイダーが一般トレーダーに売った株を買い直しているためである。高値をつかまされているトレーダーたちは、インサイダーがバランスを取るために買い株を利食いしたり、空売りする株を買わされているわけである。

　日中に特に目立ったニュースのない普通のトレード日の場合、上昇

トレンドでのトレーディング（トレンドラインを確認）では価格は空売りの日でこの安値（支持水準）を付けたあと、その後はあまり動くことなく「フラットで」引け、翌日の買いの日は下方の窓空けで寄り付き、若干下落する。下落したときの底はほぼ下げ止まりと見てよく、この少しだけ「落ち込んだ」時点がわれわれの買いポイントになる。買いの日で前に安値を付けた場合、そのあとは上昇するのが普通である。

　空売りの日で大きく下落し、動きが活発な場合、安値を付けてからすぐに上昇し始め、その日は高値近くで引ける。この場合、翌日の買いの日は上方の窓空けで寄り付き、その後下落するが、空売りの日の安値までは下げない。したがって、「BU」はゼロになる。こうして安値が切り上げられ、この安値の切り上げから再び上昇するというのが一般的なパターンである。安値の切り上げでの買いは利益につながることが多い。

「BV」列

　9列目の「BU」列は「BV」（買いの日のローバイオレーション）の記入にも使われ、「BU」の数値の下に記入する。この数値を記入するのは売りの日の安値が買いの日の安値を下回っていたときのみで、その差を記入する。

　通常、この下落は「ダマシ」とみなされ、この安値を前に付けたあと、上昇するのが普通である。ただし、いったん上昇してから再び売られる場合もある。この二度目の下落は下降トレンドでのトレーディングが始まるときによく見られる下落で、この下落を引き金にさらに下げ続けるが、この種の動きは利益につながることが多い。買いの日で下げたあと上昇することなく安値で引けたら、下降トレンドでのトレーディングに入ったと見てよい。

下降トレンドでのトレーディングに入ると、安値が次々に更新されるため、翌日の売りの日は下方の窓空けで寄り付く。ストップ安になるほど下落したり、二次的な下落がなければ、2～3日続いた下降トレンドは一応終止符を打ったと見てもよいだろう。

　支持線は買いの日の安値の下に形成されるはずなので、その辺りを注意深く観察する。過去2～3週間分のデータをチェックしてバイオレーション（買いの日の安値－売りの日の安値）の平均幅を調べれば、どの辺りで支持されるかおおよその見当がつくはずである。その日の早い時間帯にこのバイオレーションによって前に安値を付けた場合、できるだけこの安値の近くで買う。

　この段階では、平均的な動きをする通常の銘柄のみを考察対象としている。いわゆる、予期しないニュースや大暴落といった非日常的な項目についてはあとの章で考察する。

　今は売りの日の寄り付き直後で、価格は買いの日の安値の下の水準にあり、前に安値を付けようとしている。そして、買いの日の安値を2セント下回る位置で安値を付ける。例えば、この2セントに「D」列の数値を足すと6セントになったとしよう。これはかなり大きな下落で、この場合、ここから若干上昇するのが普通である。今、売りの日で買おうとしているわけだが、バイオレーションが発生したため、利食いの目標は通常の買いの日の高値ではなく、買いの日の安値を目標にする。

　バイオレーションによって売りの日に前に安値を付けた場合、その安値からは買いの日の安値まで上昇することが多い。したがって、売りの日の安値で買った場合、この安値から価格が上昇して買いの日の安値に達したら売って利益を確定する。「ダマシの下落」のすべてを回復したその銘柄は、そこから再び下落に転じることが多いが、ときにはそのまま上昇し続けることもある。そのまま上昇するケースの場合、買いの日の安値水準まで上昇して「ダマシの下落」のすべてを

回復したあとは、「Ｄ」列の下落幅が徐々に回復されていく。このケースの場合、Ｄ列の下落は４セントなので、１ポイント上昇するごとにＤ列の下落幅は25％ずつ回復されていくことになる。そして、「ダマシの下落」のすべてが回復されたあと、つまり売りの日の安値から買いの日の安値まで上昇したあと、本当の下落幅（Ｄ列の数値）の３分の１から３分の２が回復したら十分上昇したとみなすことができる。それ以上回復することもあるだろうが、３分の１から３分の２も回復すれば十分な利益は確保できるので、ここで利食いしたら次のプレーに進む。なぜなら、翌日の空売りの日は前に高値を付ける可能性が高く、そこで売れば、３分の１から３分の２以上の上昇を待って利食いするよりも大きな利益につながるからである。

第4章

トレンド指標としての記号──×とvマーク

The Symbols (X) and (V mark) as Trend Indicators

　この手法では2つの記号──×とvマーク──を用いる。これらの記号は価格のトレンドを示すものであり、丸で囲まれたどの数値に付けられているのかと、どのトレード日に付けられているのかによって、トレンドの終了や継続を表す。
　×は高値や安値が前に付けたことを意味し、vマークは高値や安値が後に付けたことを意味する。これらの記号は買いの日、売りの日、空売りの日の数値を囲む丸の中に付ける。

目標値を前に付けた場合の例

　例えば買いの日に、空売りの日の高値から下落して、その日の早い時間帯に安値を付けてから上昇し始め、そのあとは終日、高値と安値の間で推移し、安値よりも高値に近い位置で引けたとする。この場合、買いの日の安値を囲む丸の中に、安値を前に付けたことを示すために×を付ける。
　トレーダーが好むこういった値動きでは、売りの日は買いの日の高値を上回る上方への窓空けで寄り付くのが一般的である。そのあとはそのまま上昇して前に高値を付けるので、売りの日の高値を囲む丸の中には×が付けられる。この場合、買いの日の高値まで上昇したらそ

の高値や高値を上抜いた時点で素早く売って市場から撤退する。

　売りの日には、前に高値を付けたら下落するのが一般的である。したがって、売ったあとも引き続き市場を監視し続け、安値の位置と大引けの位置を確認する。高値を付けたあと下落した場合、そのあと再び上昇して高く引ける可能性が高く、この場合、翌日の空売りの日には上方への窓空けで寄り付き、そのあと上昇して売りの日に前に付けた高値を上回る水準で高値を付けることが予想される。このように空売りの日に前に高値を付けた場合、空売りの日の高値を囲む丸の中に×を付ける。空売りの日に、売りの日に前に付けた高値を上回って付けた高値は空売りするのに「絶好」のポイントになる。というのは、この高値からは下落することが多いからだ。そのまま買いの日まで下落し続けて、買いの日に再び前に安値を付けた場合は×を、後に付けた場合はVマークを付ける。

目標値を後に付けた場合の例

　目標値を後に付ける場合、仕掛け時を決めるには終日、値動きを監視しなければならないため、プレーには時間がかかる。

　例えば、空売りの日の高値から下落して、安値を付けたあと上昇して引け、翌日の買いの日は上方への窓空けで寄り付き、前に高値を付けたあと1日中売られて安値を付け、そこからほとんどか、まったく上昇することなく引けたとしよう。この場合、買いの目標を後に付けたわけだから、買いの日の安値を囲んだ丸の中にはVマークを付ける。これは下降トレンドを示唆する。引けの時点が下落の終了時点かもしれないが──多くの場合そうである──、買いの日のローバイオレーションが発生する可能性もある。

　買いの日に前に安値を付けてから上昇し始め、安値よりは上で引けたが、翌日の売りの日はやや下方への窓空けで寄り付き、そのまま下

図4.1 ライ麦12月限（RZ）のトレードサンプル

1943	O	H	L	C	D	SSE T R	BH	B-V BU
OCT M11		110½						
T12	111⅜	111⅝	110¼	111½		1⅛		
W13	110⅝	111⅝	110¼	111½	1⅜			CO
T14	111¾	112¾	111½	112¾		2½		
F15	113	113¾	112⅛	112¼		✓		
S16	112¼	113¼	112	113¼	1¾		C	⅛
M18	113⅜	114½	112¾	113¾		2½		

落し続けた。しかし、買いの日の安値までは下げず、安値を付けてから上昇し始め、その日の高値で引けたとしよう。売りの日で後に高値を付けたわけだから、売り目標（買いの日の高値）を抜けたら、あるいは抜ける前に売ることになるだろう。ただし、この場合、売り目標に達するまで終日にわたって相場を監視し続けなければならないため、このプレーには時間がかかる。

　空売りの日で後に高値を付けそうなとき、自分のプレーにとって有利な動きであることが確認できないかぎりトレードをしてはならない。ここで場帳を見て、この前に買いの日のローバイオレーションが発生していなかったかどうかチェックする。発生していた場合、価格はそのまま上昇し続け、ともすれば買いの日は上方への窓空けで寄り付き、前に高値を付ける可能性が高い。こういった場合は、買いの日で空売りの日の高値か、それを上抜いたら空売りする。

　売りの日に前に高値を付け、そのあと下落したら、おそらくは翌日まで下げ続ける。したがって、空売りの日では寄り付きか、その直後に安値を付け、そこから上昇し始めるのが普通だ。したがってこの場合、空売りの日では後に高値を付けることになる。このように空売りの日で後に高値を付けた場合、その高値では空売りはしない。

　われわれにとって最も理想的なのは、買いの日の安値から空売りの日の高値までの1サイクルですべての目標値を前に付けることであり、この場合、動きが進むにつれて利益は増えていく（**図4.1**を参照）。

　サイクルのなかには、目標値を前に付けたり後に付けたりする日が混在しているものもあるが、これは日中に生じる小さな上下動によって真のトレンドが中断させられてしまうことによる。しかし、目標値は前に付けるか後に付けるかにはかかわらず、必ず達成される。日中の「小さな上下動」に惑わされることなく真のトレンドを常に見失わないようにしなければならないのはこのためである。この重要なことをわれわれに代わってほぼ自動的に行ってくれるのが場帳である。そ

の日がどのトレード日（買いの日、売りの日、空売りの日）に当たるのかと、各トレード日に付けられた記号によって市場のトレンドをつかみ、それに従ってトレードする。これが場帳による手法（ブックメソッド）である。

ここで、場帳に示されたトレード日に逆らってトレードするとどうなるかを見てみることにしよう。

彼らは売買する時点のトレンドなど一切お構いなしに、日中の上昇局面では買い、下降局面では売る。何回も売買を繰り返していれば、たまには真のトレンドに「まぐれ当たり」して利益を得ることもあるが、次のトレードは行き当たりばったりの間違ったトレードにすぎず、トータル的には損失になる。

ここで重要なのは、インサイダーやオペレーターやマーケットメーカーたちは自分たちの目標を達成するために相場を動かすということである。これによっていわゆる「ダマシの動き」が発生し、一般トレーダーたちはこのダマシの小トレンドに引っかかるわけである。だから場帳の記号は細心の注意を払って正しく理解しなければならないのである。これは容易なことではないが、これらの記号こそが真のトレンドを示すものなのである。

図4.1は、すべての目標値を前に付けた数年前の1943年のRZの値動きの一部を示したものである。買いの日の安値が前日の空売りの日の安値と同じ日が1日（10月13日）あり、買いの日の安値が前日の空売りの日の安値を下回っている日が1日（10月16日）ある。図を見ると分かるように、買いの日の安値は前日の安値と同じか下げており、高値は売りの日、空売りの日と徐々に上昇している。

これはおよそ9週間にわたるデータのうちの約1週間分のデータを示したもので、この9週間における価格レンジはおよそ4～5ポイントと狭かった。

「D」列と「R」列の合計は8 1/8（1 3/8＋2 1/2＋1 3/4＋2 1/2）で、

終値ベースでは6日の間に2 1/4（113 3/4 - 111 1/2）上昇している。つまり、6日間買い持ちするよりも、場帳による手法のほうがトレード機会はおよそ4倍多かったということである。

　価格レンジが狭いとき、値動きは小さく、したがって利益も小さい。

　この例のように買いの日、売りの日、空売りの日のシグナルが所定の順序で繰り返されることは珍しいことではない。市場にはこうした一連のシグナルが所定の順序で繰り返される時期が時折ある。そして図4.1の例でも分かるように、一連のシグナルが所定の順序で繰り返し現れるこういった時期にはほとんど機械的にトレードすればよい。

　図4.1に示したものでは、空売りの日、買いの日、売りの日のサイクルが2回発生し、いずれのサイクルにおいてもすべてのトレード日で目標値を前に付けているが、目標値を前に付けたり後に付けたりする日が混在するときもある。

　図4.1の例のように、すべての目標値を前に付けた場合、目標値に達したら、あるいはそれを突破したら直ちに売ったり買ったりすればよい。しかし、前述した混在するサイクルの場合は、その日の終わりまで相場を見届けてからトレードしなければならないため時間がかかる。あるいはレンジが狭すぎるときには、休むほうがよい場合もある。

第5章

買いの日

A Buying Day

　われわれは、そこが底でこれから上昇に転じると思ったら買い、そこが天井でこれから下落に転じると思ったら売る。

　買いの日に価格が安値から上昇し、上昇幅が十分に大きければ同日中に売って手仕舞う。上昇の勢いが強く、前日の空売りの日の高値を上回り、買いの日の高値で引けるかもしれないが、引け前には必ず手仕舞う。相場が強く、高く引けた場合、翌日は上方に窓を空けて寄り付き、そのまま上昇し続ける可能性はある。しかし、どんなに上昇したとしても、せいぜい売りの日の目標値までである。したがってそれ以上、上値を追うことはしない。買いの日の引け前に手仕舞って利益を確定する。

　この種の値動きは、①急激に上昇する、②高値を更新しながら小刻みに上昇し（トータルで数ポイント）、若干動きが緩慢になった後に「ラストスパート」で一気にその日の高値に達する——のいずれかである。どういった形で高値に達しても、引け前に売って手仕舞えば売りの日の目標値を待たずとも利益を確定できる。翌日の売りの日にはさらに上昇するかもしれないが、そういったことは一切気にせず、買いの日の引け前に手仕舞う。

　同日中に手仕舞うのは、価格が急上昇する場合、翌日の売りの日は上方に窓を空けて寄り付く場合があるからであり、むしろそうなるこ

とのほうが多いと言ってもよいかもしれない。あるいは、前日の買いの日の終値付近で寄り付き、1日中その辺りにとどまり売りの日の目標値（買いの日の高値）には到達せず、その後若干上昇して引けることもある。この場合、その翌日の空売りの日が上方に窓を空けて寄り付き、そのまま売りの日の高値を大きく上抜けて空売りの日の目標値まで上昇する可能性が高い。安値近くで引けた場合は、売りの日の目標値まで上昇しないことが多い。

同日中に手仕舞えば動きの大部分をとらえることができるため、利益の大部分を確保できる。しかも、売りの日の目標値に達するのを待たずにである。もちろん、売りの日の目標値に達するのを待ったほうが利益は増えるかもしれないが、市場がその時点で提供してくれるものは、「たとえ一部でも」すぐにもらったほうが賢明である。

買いの日に手仕舞い、ポジションをマルにした今、注目したいのはこの上昇が売りの日も続き買いの日の高値を上抜けるかどうかである。なぜなら次は空売りを考えているからだ。この空売りの仕掛け時としては売りの日の高値を目標値としているため、売りの日が買いの日の高値を上回る高値を付け、そこから下落するとすれば、売りの日の高値が空売りの絶好のタイミングになる。上昇が3日間続けば下落が期待できる。

買いの日では前日の空売りの日の安値をやや上回るか、下回る位置で買う。仕掛けるタイミングを計るためにわれわれが注目しなければならないのが、空売りの日の値幅、つまり高値から安値まで「どれくらい下げた」かである。買いの日の下落が空売りの日の安値辺りで止まれば、その時点が買いの日での買いポイントになる。空売りの日の安値が買いの日での買い「スポット」になるかどうか、つまり買いの日が空売りの日の安値で下げ止まるかどうかは、空売りの日がどのように引けたかを見ることである程度の確からしさを判断することが可能である。具体的に言えば、空売りの日の終値と、価格が上昇傾向に

あるのか下降傾向にあるのか（安値から上昇したのか、高値から下落したのか）、つまり相場が強いのか弱いのかによって判断する。われわれが今空売りの日の値動きを見ているのは、買いの日での買いポイントを決めるためであるが、空売りの日では当然ながら空売りを行う。これについては「空売りの日」の章で詳しく説明するとして、今のところは買いの日での買いポイントを決めることだけに焦点を絞る。

空売りの日に高く引けた場合、つまり安値から上昇して高値近くで引けた場合、買いの日は上方への窓を空けて寄り付く可能性が高い。この場合は、買いの日に前に付けた高値から価格が下落するのを待つ。注目すべき水準は空売りの日の安値である。価格が空売りの日の安値まで下落するか、それを下抜いた位置が買いポイントになる。

強い上昇トレンドにある場合、買いの日で上方への窓空けで寄り付いたあと下落しても、空売りの日の安値までは「下落せず」、この安値を少し上回る位置から上昇し始めることもある。これを「買いの日の安値の切り上げで買う」と言う。通常このプレーは利益に結びつく。このように上方への窓空けで寄り付いたあとさらに上昇して、前に高値を付けてから下落に転じる場合、下落を「余儀なく」させられている状態であって、価格は弾力的な動きを見せる。つまり、下落しては戻すといった動きを繰り返す。この時点のテープを注意深く見てみると、支持の買いが入っていることを「感じ取る」ことができるはずだ。こういったときは「D」列の数値は小さいのが普通だ。

トレードが安値での保ち合いから上昇に転じるとき、価格は底を徐々に切り上げながら上昇していく。今はちょうどそういう時期に当たる。

空売りの日の安値をやや上回るか下回る水準に注目すると、支持線が形成されていることに気づくはずだ。支持線が形成されると、価格は一定期間、横ばいで推移する。買いの日でこの辺りまで下げてきたとき、空売りの日の高値から安値までの下落幅を「D」列の平均下落

幅と比べてみる。一般に上昇トレンドでのトレーディングでは、「D」列に小さな数字が記録されると、そのあとの「R」列の数字は大きくなるのが一般的だ。

さて、話を元に戻そう。空売りの日が「フラット」で引けた場合を考えてみよう。この場合、買いの日は下方への窓空けで寄り付くことが予想できる。この場合は前に安値を付ける。そしてその日の早い段階で安値を付けた場合、安値から上昇し始め、引けまで上昇し続けて、その日は高く引け、翌日の売りの日は上方への窓空けで寄り付いたあと上昇して、売りの日の目標値（買いの日の高値）を上回ることが予想される。

買いの日に前に高値を付けた場合、買いポイントにはあとで到達することになる。この場合、買いポイントから価格は上昇せずにその日の安値近くで引ける可能性が高い。したがって、たとえ安値が空売りの日の安値を下回っていても買わない。なぜなら、買いの日のローバイオレーションが発生する可能性があるからだ。

買いの日で安値を後に付けても、安値が切り上っていれば、できるだけ安値の切り上げ近くで買う。なぜなら、価格はこの安値の切り上げから上昇し始めることが多いからだ。しかし、買ったあと売りの日が下方への窓空けで寄り付いたために利益の一部を市場に返してしまった場合、買いの日のローバイオレーションになるかどうかは分からないが、下方への窓空けのあと上昇したら直ちに売る。

この場合の売り目標は買いの日の安値になる。できればこの安値を上回る水準で売る。再び下げることがあっても、いったん上昇し始めれば最終的には買いの日の安値までは上昇することが多い。しかし、例外的に、買いの日の安値まで上昇しないこともある。この場合は残念ながら損を被ることになる。逆に、上昇の勢いが強ければ、買いの日の安値を通り越して買いの日の高値まで上昇することもある。この場合は、本来の売り目標を上抜いた時点で売る。

買いの日で付けた安値は、買いの日のローバイオレーションが発生するか否かにかかわらず安値であることに違いはない。買ったあとで若干下げることがあるかもしれないが、次の日に自分が安値と考える価格で買えばよい。しかし人は買ったあとは考えが変わるものである。買ったあと下げたら、下げた位置から上昇することを期待する。この安値の上で引けることを願う。安値の上で引ければ、翌日は上方への窓空けで寄り付いてさらなる上昇が期待できるからだ。ここまではよい。しかしここで重要なのは、下落する場合もあることを想定しなければならないということである。つまり、上げるとも下げるともしれない明日を期待するよりも、その日のうちに利益を確定せよということである。買ったあと下げたわけだから、多少利益は減るかもしれないが、確実に利益を得ることのほうが重要である。翌日に上方への窓空けで寄り付けば、買いの日の高値を上回って上昇するかもしれない。しかし、本章の最初で述べたように、その日のうちに市場が与えてくれるものをもらうことが何よりも重要である。

　安値近く、あるいは安値きっかりで買い、その後価格は上昇したものの再び下落に転じて「フラット」で引けたため、それまでの利益がすべて帳消しになったとしよう。この場合、翌日には価格はさらに下落する可能性が高い。買いの日に「フラット」や安く引けるということは、空売りしたインサイダーやプロたちが買い戻しを急がないため、買いの日のローバイオレーションが発生する可能性が高い。

　こういった値動きの場合、引け前に手仕舞うことが重要だ。ポジションを保持したまま売りの日の上方へ窓を空ける寄り付きを期待しているとすれば、あなたは間違っている。これ以上損失を拡大しないためにも手仕舞うのが賢明だ。

　買いの日で安値を付け、そこから上昇し始めたら、押したときの安値を切り上げながら徐々に上昇していくはずである。

　損は小さいうちに確定しなければならない。例えば、買ったあと上

昇したが、その後下落して、その日の安値かそれを少し上回る位置で引けた場合などがそうである。こういった場合、上昇を期待してポジションを保有し続けてはならない。引け前にいったん損切りして損失を最小限に抑え、買いの日のローバイオレーションで買うことを考えればよい。ここでひとつ指摘しておきたいことがある。いずれの目標日においても「フラット」で引けた日の翌日は上方への窓空けで寄り付くことが多いが、注意しなければならないのは、夜間にニュースが発表される場合があるということである。これは引け前にテープで読み取ることは不可能だ。われわれは市場が何をするかという予想に基づいてトレードするのではなく、市場が今実際に何をしているのかということと、それによって将来的に予想される結果に基づいてトレードしなければならない。

　小さな損を被れるトレーダーは、次のプレーではその損を補って余りあるほどの利益を上げられるはずだ。

ナンピンはするな。間違っていると思ったときには迷わずに手仕舞え。そして、正しいと思ったときにまた買い直せ。

　安値で買ったあと持ち続けていたり、買ったあとに株価が下落したので持ち続けていたら、翌日、下方への窓空けで寄り付き、そのまま下落し続けて買いの日のローバイオレーションが発生した。こんなとき、ナンピンしたい衝動に駆られるかもしれないが、その衝動に負けてはならない。あとで上昇すれば、ああ、あのときにナンピンしていれば損を取り戻せたのに、と思えることがあるかもしれないが、これだけはやってはならない。

　価格が比較的安く、上昇トレンドにあるとき、安値やその近辺で買い、「フラット」で引けたとしても、それほど心配する必要はない。こんなときは3デイトレーディング手法を使えばよい。この場合、ポ

ジションはそのまま保持し、売りの日の高値やそれを上抜いた時点で売れば利益になる。ただし、買いの日のローバイオレーションが発生すれば、大きな上昇は見込めず、空売りの日になっても売りの日の高値を上回らないこともある。

　日計りの手法でやってきたデイトレーダーは、3デイトレーディング手法に鞍替えしたあと再び日計りの手法に戻るといったことはせずに、日計りの手法を貫き、こんなときは小さな損切りをして次のプレーに進むべきである。日計りの手法から3デイトレーディング手法に鞍替えすれば、この小さな損失を免れることもあるかもしれないが、それが悪習慣化しては元も子もない。価格が非常に高いときは特にそうだ。買いの日のローバイオレーションなどのバイオレーションが発生すれば、価格は上昇せずに下落し続けることもある。2つの手法の間を行き来するといったことは習慣化するため、いずれかの方法でやると決めたら最後までその方法で通したほうがよい。

　3デイトレーディング手法をずっと使い続けてきたトレーダーは、損失が異常に大きくても、それまでのプレーからの利益でこの損失は穴埋めすることができる。小麦先物（WK）とトウモロコシ先物（CK）のまとめ（160ページと166ページ）を見ると分かるように、損失になったスイングが発生する確率は全体のおよそ12％で、利益になったスイングはおよそ88％である。しかし、損失になるスイングは非常に大きい場合もあるため、損失が1日の最大利益よりも大きくなる可能性がある場合はトレードすべきではない。デイトレーダーはわずかな資金でトレードできるが、3デイトレーダーはこういった事態に備えて十分な資金を準備しているのが普通である。しかしデイトレーダーは、必要なときに使えるように、自分の現金は常に自分でしっかり管理しておかなければならない。したがって、自分の間違いに気づいたら直ちに売って損切ることが重要だ。

　上昇トレンドでのトレーディングでは、買いの日では前に安値を付

け、そこから上昇して引けるというのが一般的だ。これとは逆に、下降トレンドでのトレーディングでは「フラット」か安値を下回って引けるのが一般的だ。上昇トレンドにあろうが下降トレンドにあろうが、買いの日に前に付けた安値で買えばほとんどの場合利益になる。ただし、下降トレンドが始まって急落した場合は例外である。

　安値で買ったあと価格が若干下がっても、「フラット」、つまりその日の安値で引けないかぎり必ずしも間違ったトレードをしたとは言えない。「フラット」で引けた翌日は上方への窓空けで寄り付くことが多いが、一般に寄り付きからやや下げた時点から上昇し始めるのが普通である。

　買いを急ぎすぎてはならない。急いで買った場合、もう少しタイミングを見計らうべきだったと反省させられることがほとんどだ。

　小麦先物（WK）とトウモロコシ先物（CK）の買いの日をチェックして、空売りの日の安値を下回ったときが何回あったか、買いの日のローバイオレーションの発生が何回あったかチェックしてみよう。また、11列目である一番右側の「3デイトレーディング手法」列を見て、利益になるスイングと損失になるスイングの発生回数もチェックしてみよう。

第6章

買いの日のローバイオレーションで買う

Buying on a Buying Day Low Violation

　買いの日のローバイオレーションとは、前に発生し、後で安値を付け、「フラット」近くで引ける現象である。

　このように「フラット」で引けた場合、翌日は下方に窓を空けて寄り付き、寄り付きそのものがバイオレーションのスタート地点となって、支持されるまで下げ続けることが多い。この支持はほとんどがインサイダーによる利食いや市場の安定化のために行っている空売りの買い戻しである。インサイダーはこの空売りの買い戻しと同時に買いも行い、株価が上がったところで一般トレーダーに売りつける。

　買いの日の安値を下回って下がり続ける株価はどこまで下がり続けるかは分からないが、場帳を見れば過去のバイオレーションからその平均下落幅を知ることができる。下落幅は1ポイントに満たない場合もあれば、数ポイントになる場合もあるが、その平均下落幅が分かっているので、この地点における値動きを観察していれば、どの辺りから上昇に転じるかを推測することができる。

　この辺りの市場を注意深く観察していると、次第に下落スピードが落ちていくことに気づくはずだ。そして下落が止まったら支持の買いが入ったと見てよい。支持の買いの位置はわれわれの買いポイントにもなるので、この辺りの市場は特に注意深く観察しなければならない。

　この支持の買いの位置で安値を付けると、株価は上昇する。1ポイ

ントに満たない場合もあれば、数ポイントと大きく上昇する場合もある。どれくらい上昇するかはどれくらい下落したかによって異なる。大きく下落したときは、ゆっくりと平均的な値幅だけ下落したときに比べて、より広い値幅で上下動を繰り返す。ここで短時間だけ活発に取引されたあと、動きは次第に鈍り、下落したときの底から若干上昇した位置で止まる。そのあと買いの日の安値をわずかに上抜く位置までゆっくりと上昇し、そこから一気に上昇し始める（市場が回復し始める）。

われわれは下落したときの底を成り行きで買い、その後の上昇を期待するわけだが、ここに形成された支持線は一時的なもので、安値からやや上昇したあと再び小さく下落することもある。これによって安値は１ポイントくらい下がることになるが、バイオレーションが深かった場合、これに「Ｄ」列の数値（空売りの日の高値と買いの日の安値との差）を足すと、トータル的な下落幅はかなり大きくなるため、どこで安値を付けてもそこから上昇する可能性はある。この日はおそらくは下落が始まって３日目に当たる。「忘れてはならない」のは、われわれが買うのは３日間にわたって続いた下落の底であって、多くのトレーダーがやるように、３日間にわたって上昇したときの天井ではないということである。

最初の安値で買い、その後さらに１ポイント程度下落して含み損が出ても気にする必要はない。この最後に安値を付けた地点から価格が上昇し始めれば、含み損はすぐに解消されるからである。いったん上昇し始めれば、バイオレーションによる下落分がすべて回復されるのは時間の問題であり、そのあとすぐに買いの日の安値まで上昇するので、この安値を手仕舞い売りの目標にする。寄り付きで買った人でもここまで上昇すればブレイクイーブンで手仕舞いできる。買いの日の安値を少し上回る水準まで上昇すると、再び下落し始めることもあるので、買いの日の安値で確実に利食いすることが重要だ。

逆に買いの日の安値まで上昇したあとそのまま上昇し続ければ、いわゆる「真の下落分」（「Ｄ」列の数値）も徐々に回復されていく。具体的には、バイオレーションによる下落分が回復されたあと、８分の１ポイント上昇するたびに真の下落分は一定のパーセンテージずつ回復されていく。価格が上昇すればするほど、真の下落分が回復される割合も増加する。さらには、真の下落分が「すべて回復」されてもなお上昇し続ける場合もある。一般に、「Ｄ」列の数値が小さいとき、「Ｒ」列の数値は大きくなる。

　買いの日の安値まで上昇したあともそのまま勢いよく上昇し続けた場合、買いの日の安値辺りから取引が活発化する。そして瞬く間にその日の高値まで達するか、場合によっては高値を更新し、そのあとやや押し、引け間際に再び上昇する。買いの日の安値を上抜いたあと市場がこういった動きをした場合、本来の手仕舞い売りの目標値である買いの日の高値も突破する可能性が出始める。引け前にこの目標値を突破したら間髪を入れずに手仕舞う。注意しなければならないのはわれわれは今、売りの日に買っているということである。したがって、引け前に売らなければならない。この場合の適切な売りの仕切りポイントとしては、バイオレーションによる下落分がすべて回復されたと仮定すると、「Ｄ」列に示された下落分の３分の１から３分の２が回復された位置となる。この上昇を最後まで追ってはならない。最後の８分の１ポイントまで取る必要はなく、途中で利食って、次のプレーに備えることが重要だ。翌日は空売りの日なので、次のプレーで勝つためには市場は下落する必要がある。

　売りの日に買ったあと、いったん上昇したあとやや下げた位置で手仕舞い売りした人もいるだろうし、買いの日の安値を上抜いた直後に手仕舞いした人もいるだろう。どこで手仕舞ったとしても、その日どこまで上昇するのかは最後まで見届ける必要がある。その日は高値で引ける場合もあれば、高値からやや押して引ける場合もある。いずれ

にしても高く引けることに変わりはなく、その場合、価格がさらに上昇して空売りの日が上方に窓を空けて寄り付き、前に高値を付ける可能性は高い。しかし、1日で2～3日間の下落分を回復するほど上昇したあとは、下方に窓を空けて寄り付くこともある。これは珍しいことではないため、こういったことも想定しておくべきだろう。

買いの日のローバイオレーションが最初に発生したあとの上昇は空売りの買い戻しによって引き起こされるものであり、通常この動きの引き金を引くのはインサイダーである。そして彼らに加えて巨大な空売り残高を抱えるトレーダーの買い戻しも始まるため、価格は買いの日の安値を上抜くまで上昇し、その辺りで動きは止まる。過剰な空売り残高を抱えるトレーダーは価格が下落の底から上昇し始めると上昇の勢いの強さに気づき買い戻しを余儀なくされるため、素早く買い戻す。そのため価格は急激に上昇し、買いの日の高値を上回るまで上昇することが多い。価格がどれくらいの勢いでどこまで上昇するかは、トレーダーの空売り残高の大きさと買い戻しの緊急性とによる。

買い集めが一段落すると同時に空売りが始まるが、「彼ら」は空売りしたものをすべて買い戻すわけではない。ある程度のポジションを残しておけばいつでも相場操作に利用できるからである。上記のようなケースで彼らが空売りの買い戻しを行うのは、トレーダーの空売り残高をすべて吐き出させるのが目的であることが多い。

1日の最初に発生した買いの日のローバイオレーションでの買いは、インサイダーの場合も一般トレーダーの場合も、空売りした人々とは目的が異なる。われわれの場合は上昇トレンドを見込んでの買いである。しかし、われわれの仲間は多い。一般に空売りの買い戻しによる上昇は長続きしない。われわれがこの上昇を最後まで追わないのはこのためである。空売りの買い戻し需要が満たされると、再びインサイダーによる支持の買いが始まるまで「売られる」。バイオレーションの多くは下降トレンドで発生する。バイオレーションが発生すれば必

然的に底は下がるため、下降トレンドは１日か２日長引く。

　バイオレーションが発生したとき、われわれは買いの日の安値とバイオレーションで付けた安値との差を見て、その差が利益が出せるほどの大きさかどうかをチェックする。つまり、バイオレーションの底で買って、価格が上昇したときに買いの日の安値を突破してから手仕舞いした場合の利益が十分に大きいかどうか、ということである。バイオレーションがあまりにも大きければ、価格は上昇しても買いの日の安値までは上昇しない場合がある。この場合、価格の上昇の勢いは「鈍く」、活発な取引は行われず、買いが不足するため、すぐに上昇は「頭打ち」となって再び下落し始める。このような場合は下降トレンドは当面続くと思ってよい。したがって、バイオレーションによって価格が大きく下落した場合、少しでも上昇したら利食いするのが賢明である。上昇の動きが鈍ってきたら、タイミングを逃さずに素早く利食いする。逆にバイオレーションがそれほど大きくなく、せいぜい１ポイントくらいの場合、空売りの買い戻しと支持の買いとによって価格はそれ以上下落することはほとんどなく、いったん上昇し始めればより大きな利益を期待することができる。

　バイオレーションが大きい場合、バイオレーションで付けた安値辺りで１日か２日揉み合ってようやく上昇し始める。したがって、市場の内部要因が買い戻しを急がせるほど強くないかぎり、「D」列に大きな数値が発生したあとの「R」列の数値は小さいのが普通だ。一般に、バイオレーションが大きい場合、すぐに大きく上昇することはないが、いったん上昇し始めて、売買が活発になれば、かなり大きく上昇することもあり、ときには「D」列の下落分がすべて回復されることもあれば、買いの日の高値を上抜くまで上昇することもある。

　ここで重要なのは、買いの日の安値近くで買ったあと、売りの日が下方に窓を空けて寄り付いたためにバイオレーションが発生してもあわてて売ってはいけないということである。この場合、少なくとも一

図6.1　大豆３月限のワークシート

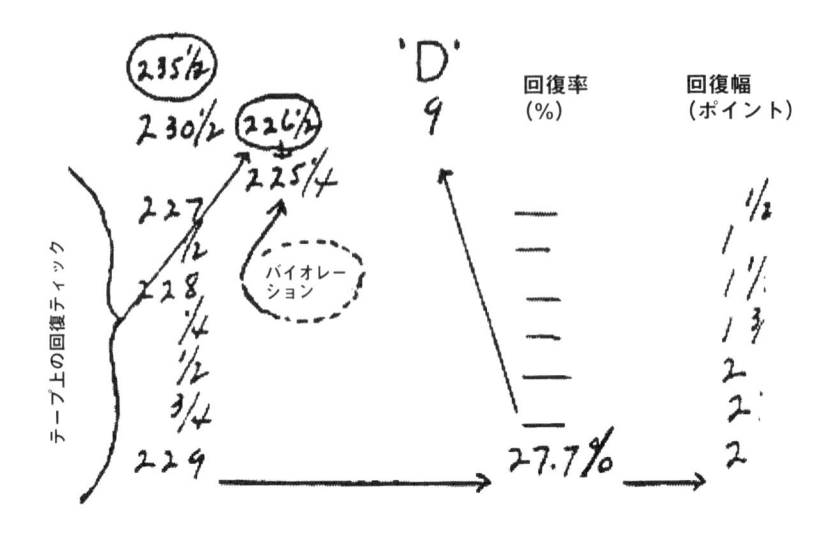

時的に含み損が発生するが、2～3日下落が続いたあと「Ｄ」列の数値の一定パーセンテージは回復されるのが普通なので、その上昇をとらえることで損失を出さずに、あるいは最小限の損失でこの「難局」を脱することが大切である。

　具体的には、バイオレーションによる下落が回復された時点、つまり買いの日の安値まで上昇した時点で手仕舞うことが多いが、場合によっては若干上抜いた時点で手仕舞うこともある。しかし、それ以上の上昇を期待して、それ以上持ち続けることはしない。たとえ手仕舞ったあとでさらに上昇し続けても、気にすることはない。**図6.1**の大豆3月限（ＳＨ）ワークシートを見てみよう。買いの日に226 1/2で安値を付けたあと230 1/2まで上昇しているため、これ以上上昇する可能性はまずなく、この辺りから下落に転じることが予想できる。上昇を最後まで追わないのはこういった理由による。

　この3日間のトレードは次のようなものであっただろう。

- 234 1/2を上抜いた時点で空売り。
- 1日でかなり下落（平均以上の下落）。
- 安値近くで動きが鈍る→同日中に買い戻し。
- （「空売りの日」の章の「1日で大きく下落したケース」参照）。
- 「買い」は買いの日まで待つ。
- 228 1/2を下抜けて下落速度が下がるか下落が止まった時点で買う予定。
- 前に安値を付けた時点で買う→ここから上昇して引ける→翌日は上方に窓を空けて寄り付くことが予想される。
- 売りの日は実際には下方に窓を空けて寄り付く→大部分が含み損→次の上昇で売る予定。
- 買いの日のローバイオレーションが最初に発生→上昇が予想される。
- 買いの日の安値226 1/2か、それを上抜いた時点で売る。

この大豆３月限（ＳＨ）では、買いの日に安値を２分の１セント上回る227で買うことを想定していたが、前日の高値から買いの日の安値までの下落幅は大きく、「Ｄ」列の数値の平均を上回る。したがって、買いの日の買い目標は前日の空売りの日の安値を２ポイント下回る位置に設定（これはわれわれの買い目標の範囲内）。

　買いの日は上昇して引けたため、売りの日は上方に窓を空けて寄り付くと予想したが、実際には下方に窓を空けて寄り付く。寄り付いてからさらに225 1/4まで急落（1 1/4ポイントのバイオレーション）。この時点での含み損は1 3/4ポイント。買いの日のローバイオレーションは下落し始めてから３日目に１日の最初に発生。そのあと価格は上昇することが予想されたが、実際そのとおりになった。

　上昇し始めて間もなく、バイオレーションによる下落分をすべて回復。ここで考えなければならないのは、手仕舞い目標をどこに置くかである。手仕舞い売りの目標として適切なのは、買いの日の安値である226 1/2か、それを上回る位置である。

　バイオレーションによる損失がすべて回復されたあと、この価格（買いの日の安値）を上回る回復幅はすべて記録する。記録するのはワークシートでも頭のなかのワークシートでもよいが、回復幅は価格の上昇に伴って「テープ」上に現れたとおりに記録する。

　買いの日の安値である226 1/2を上抜いて最初にテープに現れた回復「ティック」は227（1/2ポイントの回復）である。226 1/2を上回って回復された分はすべて「Ｄ」列の下落分に対する回復であり、価格の上昇に伴って「Ｄ」列の下落分は一定比率ずつ回復されていく。

　こういった値動きでは、価格は買いの日の安値にかろうじて達するか、わずかに上回る程度にしか上昇しないことが多い。したがって、買いの日の安値まで上昇したら、あるいはそれをやや上抜いたら直ちに手仕舞いしなければならない。

　買いの日の安値辺りにおける動きが鈍ければ、買いの日の安値にか

ろうじて達するか、それをわずかに上抜く程度にしか上昇しないが、この辺りから動きが活発になれば、そのまま上昇して買いの日の高値を上抜くこともある。**図11.1**に示した大豆３月限の１月21日（金）を参照されたい。

また時として「Ｄ」列の下落分をすべて回復してもさらに上昇し続けることもある。

われわれはテープをじっくり監視し、226 1/2を上抜いたら成り行きで手仕舞う。この辺りの動きをじっくり観察していれば、市場の次なる動きが見えてくる。動きが鈍ったり止まったりすれば反転が予想されるし、逆に動きが活発であればさらに上昇し続けることが予想される。しかし、大概の場合は、この地点を上抜く地点で買いの日のローバイオレーションからの上昇は止まる。大豆３月限の場合、上昇は229で止まり、それから下落して227 3/4で引けている。

図6.1の大豆３月限のワークシートの左側の数字は229に達するまでの「ティック」をテープに現れた順に示している。この地点における回復は９ポイントで、これは「Ｄ」列に示された下落幅のおよそ27.7％（３分の１弱の回復）に当たる。この回復幅は、バイオレーションによる下落分の回復を除けば、われわれが期待する最低ラインの回復である。

これは、苦境からの「脱出」方法を示しているだけではなく、本来ならば損切りをしなければならなかったようなケースでも損切りをせずに乗り切ることができることを示している。投機取引ではこういった状況は必ず発生する。避けては通れない以上、トレーダーは自分の資産を保護する方法を知っておくべきだろう。

この逆の状況、つまり買いの日の安値で買ったあと買いの日のローバイオレーションが発生しない確率はおよそ50％である。穀物先物の納会までの期間中や株式を保有している間の全スイングにおいて、つまり通常の上下動のなかでバイオレーションが発生する確率は平均で

およそ35％である。

第7章

売りの日

A Selling Day

　買いの日で前に安値を付け、高値近くで引けた場合、売りの日は上方に窓を空けて寄り付いたあとそのまま上昇して買いの日の高値を上回ることが期待できる。したがって、売りの日に買いの日の高値を上抜いた位置を買いの日に買った株の手仕舞い売りの目標とする。上昇トレンドでは、売りの日に買いの日の高値を上抜くことが多い。

　売りの日では、買いの日の高値を上回ったあと早く売りすぎれば、得られるべき利益の一部を失うことになる。したがって、上昇トレンドでは、ただ単に買いの日の高値を上回ればどこで売ってもよいというわけではない。突破の幅が小さい場合もあれば大きい場合もあるが、上昇トレンドでは高値は次々と更新されるため、「より大きく突破する」のを待つべきである。

　より大きく突破するかどうかは突破したあとの動きと、6列目の「D」の数字から判断することが可能だ。一般に「D」の数字が小さいときにはより大きく突破する。

　買いの日に高く引けたあと、売りの日が上方への大きな窓空けで寄り付いた場合、寄り付き価格がすでに買いの日の高値を上回っていることが多いため、テープ上に次のティックが流れるのを待つことなく寄り付き後すぐに「成り行き」で売る。売ったあとに価格がさらに上昇することがあるかもしれないし、そうなることも多いが、そんなこ

とは気にする必要はない。この場合、寄り付き価格がその日の高値になることが多く、寄り付き後の次のティックでは下落するかもしれないのである。そうなれば株価は大きく下落する。こういった値動きのときは、売ったあとの価格がどうなるかなど一切気にせずに、寄り付いたらすぐに「成り行き」で売ることが肝心だ。

買いの日の安値で買ったあと株価が大きく上昇し、引けの時点でかなり大きな含み益が出ていても、売りの日が下方に窓を空けて寄り付けば寄り付きの時点で利益の一部を市場に返すことになる。売りの日が下方に窓を空けて、または買いの日の終値付近で寄り付いた場合は、寄り付き後に次のティックが刻まれる前に「成り行き」で売る。また、売りの日に下方に窓を空けて寄り付いたあとさらに下落した場合は、下落したときの安値から戻ったらすぐに売る。売りポイントの目安としては、買いの日の安値か、それを上抜いた辺りと考えればよい（もちろんここまで上昇すればの話だが）。今のあなたの第一の売り目標値はこの位置であって、買いの日の高値ではないことに注意しよう。

売りの日が前日の買いの日の終値付近で寄り付いた場合は寄り付き直後に「成り行き」で売る。理由は以下のとおりだ。例えば、寄り付き後に価格が上昇すれば、注文は上昇トレンドで執行されるため、指値よりもはるかに多くの利益が得られる。逆に、寄り付き後に価格が下落しても、すぐに売れば損失は少なくて済む。注文はすでに入っているわけだから、本格的な「売り」が始まる前に市場から撤退できる。執行価格は前日の買いの日に支払った価格（買った価格）を若干上回るか下回る価格になる。

ところが売りの日が前日の買いの日の終値付近で寄り付いた場合、何もしないトレーダーが多い。寄り付き後に価格が上昇し始めれば、どこまで上昇するか見続け、逆に価格が下落し始めれば、戻したら「手仕舞おう」とするからだ。いずれにしても彼らの思惑どおりには事は運ばず、揚げ句の果てに損失は拡大する。

売りの日が前日の買いの日の終値付近で寄り付いたあとやや上昇してすぐに下落した場合、上昇トレンドは弱いと見てよい。この場合、買いの日の高値（売り目標）まで上昇することはまずない。たとえ下落したときの安値が買いの日の安値まで下がらなくても、下方に窓を空けて寄り付いたときと同様、すぐに売る。もちろんそのまま上昇することもたまにはあるかもしれないが、そもそも目下のトレンドが上昇トレンドであれば、上方に窓を空けて寄り付いてそのまま上昇し続けるはずである。ここは、そのまましがみついていては大きな下落に巻き込まれる。その前に、損が出ていたとしても損切りをして損失を最小限に抑えたほうが「得策」だ。もし買いの日の安値近くで買っていれば、小利を得るか最悪でもブレイクイーブンで手仕舞うことができるはずだ。

　買いの日に買ったものは、買いの日の安値と終値との差額分を利益とすべきであり、売りの日の寄り付きでその利益を減らすようなことをしてはならない。これまで述べてきたような値動きは利益を目減りさせる。利益の目減りを最小限にするためにはできるだけ速やかに売ることが重要だ。

　売りの日の売り目標は、通常は買いの日の高値か、それを抜けた水準に設定される。しかし、前述のように寄り付き後に下落に転じた場合は、買いの日の安値を下抜いても下抜いていなくても、売り目標は買いの日の安値か、それをやや抜けた水準に変更する。

　買いの日の安値をせいぜい1ポイント程度下回った時点で下げ止まり、そこから市場が活発化して上昇し始め、買いの日の安値を抜いてもなお上昇の勢いが止まらなければ、そのまま上昇し続けて、ときには買いの日の高値を上抜けることもある。この場合は売り目標を本来の売り目標（買いの日の高値）に設定し直し、この目標値を上抜いた時点で、引け前に売る。

　参考資料の**図A**と**図B**に示した小麦先物5月限（WK）とトウモロ

図7.1 小麦先物

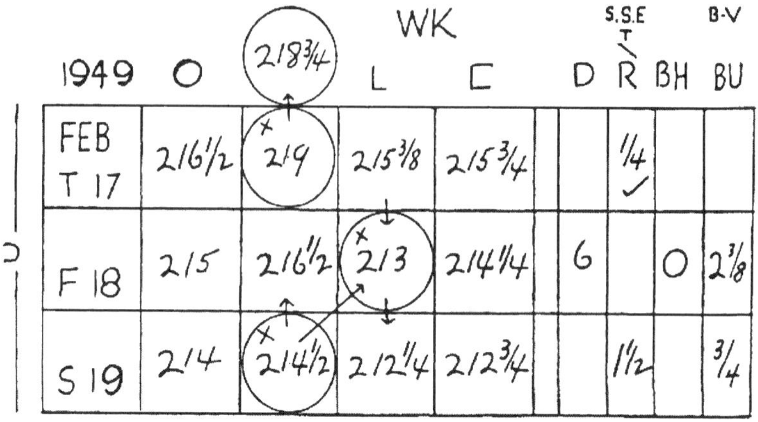

1949	O	218¾	WK L	C	D	S.S.E ↓ T R	BH	B-V BU
FEB T 17	216½	2|9	215⅜	215¾		¼ ✓		
F 18	215	216½	2|3	214¼	6		O	2⅜
S 19	214	214½	212¼	212¾		1½		¾

コシ先物5月限（CK）の年間データを見ると、すべての売り目標100のうち、それを上回った回数はトウモロコシでおよそ66回、小麦は55回である。また、図11.1の大豆で、売り目標を上回らなかったケース、買いの日の安値を下回って手仕舞いされたケース、さらに、買いの日のローバイオレーションで買ったものを手仕舞ったケースをそれぞれチェックしてみてほしい。

こういったケースが発生したときにどうトレードしたらよいのかが、われわれの唯一の懸念である。これはトラブルの発生しやすい「スポット」であり、その発生に関しては引け後にニュースが発表される場合を除いては予知不可能だからである。

買いの日が高く引け、売りの日が上方に窓を空けて寄り付いたあと、売りの日の目標値を上抜くといったよく見られるケースでは、事は順調に進むため問題はない。

しかし今の小麦先物（WK）のケース（図7.1を参照）では、214 1/2で前に高値を付けており、売りの日の寄り付きの時点で買いの日の引け時点での含み益の一部は失われている（1/4のマイナス）。このような場合は、下落から戻ったら直ちに手仕舞うことが重要だ。手仕舞いポイントとしては、買いの日の安値か、それを上抜いた時点を目標とする。

たとえ売りの日が上方に窓を空けて寄り付きそのまま上昇したとしても、われわれの取るべき行動はその先に予想される市場の動きではなく、今の市場の動きによって決まる。重要なのは市場に従うことであり、先を予測するようなことをしてはならない。

小麦先物（WK）を見ると分かるように、売りの日は214で寄り付き、その後に1/2ポイント上昇している。この場合の正しい「プレー」は、下落から戻ったらすぐに売るか、下方に窓を空けて寄り付いたときに「成り行き」で売ることである。

小麦先物（WK）のその後の動きを見てみると、寄り付きから1/2

ポイント上昇したあとに売られ始め、買いの日のローバイオレーションがあとで発生し、ほぼ「フラット」で引けている。

買いの日の安値近くで買ったのであれば、購入価格が214であったとしてもそれほど大きな損失にはならなかっただろう。しかし、上昇を期待して保有し続ければ損失は拡大した可能性がある。

7列目の「R」列の数値が1 1/2ポイントなので、「D」列の下落6ポイントのうち、回復されたのは1 1/2ポイント、つまり25％ということになる。

大豆3月限（ＳＨ、**図6.1**を参照）の場合、227で寄り付いてからまず下落し、そのあと上昇しているが、小麦先物（ＷＫ）の場合（**図7.1**の2月19日を参照）は、まず上昇して、そのあと下落している。

シグナルを注意深く監視しなければならない理由はお分かりいただけただろうか。シグナルマークが×（前に付ける）なのか、Vマーク（後に付ける）なのかが正しいトレンドを読み解くうえでの鍵なのである。

第8章

空売りの日

A Short Sale Day

　売りの日に高く引けた場合、翌日は上方に窓を空けて寄り付き、そのまま上昇トレンドが継続する可能性が高い。つまり、空売りの日が上方に窓を空けて寄り付き、空売りの日の目標値（売りの日の高値）を上抜くということである。上抜いたあとは、動きがいつスローダウンするかに注意しながら監視する。つまり、売りが買いに先行して抵抗線が形成されるかどうかに注目するわけである。

　この時点でわれわれが注目する売りは、インサイダーによる空売りである。インサイダーによる空売りが愚かな一般トレーダーによる天井での買いに徐々に先行して、やがて上昇は止まる。あるいは上昇が急に止まり、寄り付き価格辺りから急落が始まる。

　空売りの日の天井では、買いに抵抗する先物や株式が多いなか、そこからさらに価格を「つり上げ」られて堅調さを装わされる先物や株式もわずかながらに存在する。多くが高値に「とどまるか、そこから売られ始めている」なかで、「彼ら」が1～2の銘柄の先物や株式の価格をつり上げているのがどこなのか、あなたは気づくはずだ。これは1～2の銘柄の先物や株式が堅調であるかのように見せかけて一般トレーダーの買いのパワーを試し、一般トレーダーが価格を「つり上げ」られている先物や株式に心を奪われている間に、そのほかの先物や株式を空売りするのが彼らの策略なのである。

買いのパワーがないことが分かると、彼らによる大量の売りと空売りの結果として下落が始まる。マーケットをメークしている「彼ら」が株価をそれ以上つり上げないのは、その株を空売りの絶好のターゲットにするためである。

　買いの日でもこれと同じ現象が見られる。ただし、やり方は空売りの日とは逆になる。つまり、ほとんどの先物や株式が安値辺りにとどまるなか、１～２の銘柄の先物や株式は価格をさらに「つり下げ」られて安値を更新する。売り手がいなくなったとき、市場操作に使われた株式や先物の上昇が始まる。

　われわれは空売りの日に、売りの日の高値か、それを上抜いた時点で空売りする。２日前の買いの日の安値から上昇して空売りの日の高値に達したら、下落するはずである。これは、空売りの日が上昇トレンドの３日目に当たることを考えれば分かるはずだ。

　売りの日の高値を上抜いて前に高値を付けたら、その高値で空売りする。これは空売り方にとっては最高のシナリオである。しかし、下方に窓を空けて寄り付いたあと、上昇することなくさらに下落した場合には空売りはしない。この場合、下落したあとその日の遅い時間帯に上昇し始めたとすると、その日は高値近くで引ける可能性が高い。つまり、これは空売りの日に後に高値を付けるということであり、この場合、さらに上昇して翌日の買いの日は上方に窓を空けて寄り付く可能性が高いからである。また、前日の終値付近で寄り付き、その日の早い時間帯から下落し、そのあと上昇して始値か、売りの日の高値を上回った場合は、売りの日の高値を上抜いたあとに上昇の勢いが衰え始めた時点で空売りする。ただし、これは前述のベストケースほど良いトレードではない。

　売りの日の高値を上抜いたあと下落し、ゆっくりと下落しているときは、空売りポジションはそのまま保持し、翌日の買いの日に買い戻す。買い戻しは「買いポジション」を建てると同時か、それより少し

前に行う。そうすれば買いの日の仕掛け値探しに専念できる時間がわずかながら作れるからだ。買いの日の仕掛け値は空売りの日の安値で、この安値をやや上回るか下回る位置が買い戻しと買いを仕掛けるポイントになる。

　空売りの日で激しく売られたときには、買い戻しはこの下落時の底辺りで動きが鈍くなったときか、利益が出た時点で行う。このときはドテンはしない。買い戻して市場から撤退したあとは、市場の状態がどうであろうと、買いの日の仕掛け値に到達するまで次のプレーである買いは控える。

　大きく下落したあとの上昇速度はきわめて速く、その日は高く引ける。したがって翌日の買いの日は高値を前に付けることが予想され、再び空売りの機会が訪れる。なぜなら、買いの日に前に高値を付ければ、そのあとは売られるのが一般的だからである。

　下落し始めてから翌日の買いの日までに思ったほど下がらず安値の切り上げが予想されるときは、買い戻しによる利食いは下落途中で行う。こうすれば、たとえ安値の切り上げで買うことになっても、そのコストを買い戻しで得た利益によって低減することができるからである。これは実質的にはナンピンに当たるが、これら２つの買いはあくまで別々のトレード（売りポジションの買い戻しと買い）である。

　売りの日の高値を上抜いたあと、早く空売りしすぎた場合──これは突破が平均以上に大きい場合によく起こる──、一時的に含み損は出るが、平均以上に大きい突破を引き起こすほど上昇の勢いが強ければ、インサイダーとプロの双方による利食いとさらに高い水準での空売りとによって、引けまでには小さな損失を出すか、利益を出すか、ブレイクイーブンで「買い戻せる」程度には下がる。

　一般に、こういった平均以上に大きい突破は大きな下落に続く急激な上昇によって発生する場合が多く、その後２〜３日にわたって大きな上下動を繰り返したあとやがて落ち着いて、将来のトレンドの方向

に動き始める。

　大きな下落に続く上昇のあとは、再び下落するのが一般的であり、そのとき最初の下落のときに付けた安値まで下落するのが一般的で、ここまで下落したあとはこの水準を上回る水準にとどまるか、さらに下落していくかのいずれかである。われわれが空売りの日で買い戻したあと、「買いサイド」はとりあえず放っておいて、翌日の買いの日に下落するのを待つのはこういった理由による。

　この買いの日における下落は最初の下落で付けた安値（空売りの日の安値）までは下落しないかもしれないが、われわれはこの安値の切り上げで買う。これは利益になるのが普通だ。というのは、支持によってそれ以上下落しなければ、上昇するしかないからだ。その支持線の位置は通常買いの日の安値の切り上げである。価格はそこから大きく上昇するため利益が出るというわけである。

　空売りの日に例えば売りの日の高値を上抜いた位置で空売りし、そのあと下落し、その下落時の底辺りで動きが鈍った場合（ただし、若干の売買はある）、迷わず買い戻す。動きが鈍ったあと上昇し始めれば、その日は高く引ける可能性が高いからだ。場合によっては高値を更新することもある。売りの日の高値を上抜いた直後に空売りした場合、ほとんど損失を出さずに、おそらくは小利で買い戻すことができるが、あまり優位性のあるプレーとは言えない。

　したがってすぐに買い戻して市場から撤退するのが賢明である。そのまま持ち続ければ大きな損失を被ることもある。下落したときの底から上昇し、下落分をすべて取り戻して高値を更新した場合、すぐに「大量」の空売りが入ることが予想される。その日は高値で引けるかもしれないが、上昇はもはやそれまでであり、翌日は下方に窓を空けて寄り付く可能性が高い。とはいえ、そのまま上昇し続けて、翌日に上方に窓を空けて寄り付くこともないわけではない。しかし、市場がどちらの方向に進むのかが分からない以上、買い戻して市場から撤退

したほうがよい。翌日に上方に窓を空けて寄り付き、そのまま上昇し続ければ、買いの日に前に高値を付けることになる。そういう場合は、再び空売りを仕掛けるか、「売られる」のを待って買うという2つの選択肢がある。

　売りの日が引けると次は空売りだ。そのときにまず注目しなければならないのが売りの日の終値である。つまり、終値がその日の高値と安値に対してどういった関係にあるのかということである。安値から上昇して高値近くで引けたのか、高値から下落して安値近くで引けたのか、だ。高く引ければ、翌日の空売りの日は上方に窓を空けて寄り付く可能性が高い。特に上昇トレンドではこの傾向が強いが、トレンドが今まさに上昇トレンドから下降トレンドに反転しようとしている過渡期ではこのかぎりではない。

　一方、安く引けた場合、翌日の空売りの日は下方に窓を空けて寄り付く可能性が高い。特に下降トレンドではこの傾向が強いが、トレンドが今まさに下降トレンドから上昇トレンドに反転しようとしている過渡期ではこのかぎりではない。次に注目すべき点は、売りの日で買いの日のローバイオレーションが発生したかどうかである。つまり、売りの日の安値が買いの日の安値を下回っていた場合、売りの日の安値から上昇し始めた価格は空売りの日には売りの日の高値を上抜くほどには上昇せず、その近辺までしか上昇しない可能性がある。まず空売りの日は下方に窓を空けて寄り付き、その後さらに下落して、その日の遅い時間帯にようやく上昇し始めて高く引けるのが一般的だ。この場合、買いの日は前に高値を付けることが多く、売りの日で買いの日のローバイオレーションが発生しており、買いの日が上昇の3日目に当たり、下落に転じる状況にあれば、この買いの日に前に付けた高値が売りの日の安値から始まった上昇が天井を付ける地点となる。

　寄り付き前にニュースが発表されると、われわれが予想していた寄り付きとは逆の寄り付き方をすることもある。すでにトレンドが形成

されていれば、これによってトレンドが変わることはめったにないが、トレンドが形成されてからある程度の時間がたっている場合は、高く引けたあとに下方に窓を空けて寄り付いたり、安く引けたあとに上方に窓を空けて寄り付けばトレンドが変わる前兆と見てよい。

　上昇トレンドにあるときに売りの日が上昇して引けた場合、翌日の空売りの日は上方に窓を空けて寄り付き、寄り付き後はそのまま上昇して売りの日に前に付けた高値を上抜いて、前に高値を付ける可能性が高い。この高値の位置やそれを抜けた時点がわれわれの空売りポイントになる。通常はこの前に付けた高値から下落する。しかし、この下落が買いの日の安値を下回った場合、そこから上昇して高値を更新して引けることが多い。つまり、後に高値を付けるということである。この場合、さらに上昇トレンドが続き、買いの日に前に高値を付けることが予想される。

　空売りの日に、たとえ売りの日の高値を上抜かなくても空売りした場合、価格が上昇する何らかの気配を見せたら、この下落の底近くで買い戻すのはこのためである。底辺りで動きが鈍り一時的に止まれば価格が上昇する合図と見てよい。そのあとは再び動きが活発化し、売買されるたびに価格は少しずつ上昇する。

　これは、バイオレーションが発生することなく、買いの日の安値から空売りの日の高値まで普通に上昇する場合とは異なる動きである（**図4.1**のRZの10月13日、14日、15日を参照）。

　そのまま上昇トレンドや下降トレンドが続くのか、もしくは反転するのか、あるいはレンジ相場になるのかどうかは、6列目の「D」の数字と7列目の「R」の数字を比較してみるとよい。

　また、「D」列の数字を過去数週間にわたってチェックし、空売りの日の高値と買いの日の安値との差を調べてみる。その差は、空売りの日に空売りしたら十分な利益を出すのに十分な値幅だっただろうか。その値幅が十分な大きさでなければ、十分な値幅になるまで待つ。

10列目の幅広の週の列の左側の数字は、不安定な下落の合計（D値の合計）した数値を示したものである。

　空売りの日に下方に窓を空けて寄り付き、そのまま下落し続けた場合は、トレードは見合わせる。予測できない動きで不利なトレードをする必要などまったくない。絶好の売り「スポット」は、前日の売りの日の高値を前に上抜いた位置である。こういった売りスポットは日々のトレーディングのなかではいくらでも見つけることができる。

　前日の高値を前に上抜いた時点で空売りを仕掛けるときには、通常上昇が２～３日続いたあとで仕掛けることが大切だ。底を付けたり、下落の底では相場が軟調に見えるため弱気になるものだが、間違ってもこういう位置で売ってはならない。

　空売りの日に売りの日の高値を突破した場合と突破しなかった場合の前後の動きを、参考資料の**図A**と**図B**の年間プレートでチェックしてみよう。また、買いの日のローバイオレーションが発生したあとの空売りの日の値動きを**図11.1**の大豆先物でチェックしてみよう。

第9章

買いの日に前に付けた高値での空売り

A Short Sale at High of Buying Day Made First

　空売りの日の高値を上抜いて買いの日に前に高値を付けたとき、その高値で仕掛けた空売りは、反転して十分な利益が出た時点で、あるいは下落の動きが鈍り底を思わせるような動きを見せ始めたら直ちに買い戻しをしなければならない。価格が比較的低水準で、しかも上昇トレンドにあるときの買いの日に前に付けた高値で空売りした場合、これは一般に弱い空売りになるからである。その前の下降トレンドの底から上昇トレンドに転じたばかりのときは、下落はそれほど長くは続かないのが普通である。

　買いの日に前に付けた高値で仕掛けた空売りは、価格がどれだけ下落しそうに思えても、必ず買いの日中に買い戻しをしなければならない。また、買ったほうが賢明だと思える時点では大概は空売りをすべきではない。一般に、上昇トレンドにあるときには、買いの日には買ったほうがよい。

　買いの日に前に高値を付けるというこのケースでは、上方に窓を空けて寄り付いたあと、前日の空売りの日の高値を上回るかどうかは分からないが、そこからやや上昇して下落するのが普通だ。そして、下落の動きが鈍ったところで買い戻す。それ以降も市場の監視は続けるが、買いを急ぐ必要はない。なぜなら、高値を前に付けたので、安値は後に付けることになるからである。したがって、さらに下落して「フ

ラット」で引ける可能性が高い。こういった場合は「絶対に買わない」。たとえ安値が前日の空売りの日の安値――通常は買いの日の仕掛け値――を下回っていても、である。

　買いの日に後に安値を付けた場合、翌日に買いの日のローバイオレーションが最初に発生した時点が買いポイントとなる。ただし、このときの買いポイントは場帳の9列目のバイオレーション列の数値の範囲内でなければならない。

　売りに抵抗して値幅が「狭くなってきたら」、素早く買い戻し、次はこの日（買いの日）での買いポイントを探す。

　買いの日が下方に窓を空けて寄り付き、前に安値を付けた場合、それが上昇の3日目であろうと4日目であろうと空売りしてはならない。十分な値幅が狙えないため、利益を出せるかどうか分からないからである。

　買い戻したあとに価格がさらに下落してその日の安値で引けたとしても、気にすることはない。利益が出たのだからそれでよい。素早く小利を得ることが目的なのだから。さて、買い戻したあとは、翌日の買いの日のローバイオレーションでの買いを目指す。これは強力な買いポイントになる。なぜなら、バイオレーションは最初に、しかもその日の早い段階で発生するのが普通で、この安値からの上昇は利益に結びつくからだ。

　強い上昇トレンドにあるときは、買いの日は平均しておよそ35％の確率で前に高値を付け、そのあと下落に転じて、再び上昇して高く引ける。

　買いの日に上方に窓を空けて寄り付いた場合、空売りの日の高値を上抜くかどうかをチェックしながら、どこまで上昇するのかをじっくり観察する。高値辺りで動きが鈍り始めるのを感知したら、動きが止まると同時に売り注文を入れる。発注後は、高値からの下落と、下落した底辺りでの動き（上昇する気配がないかどうか）を観察する。し

かしまだ買いは入れない。上昇トレンドにあるときには、価格はこの下落の底から上昇するのが普通だ。そして、その日の寄り付き価格か、最初の上昇時の高値を上抜いて高値を更新したら、引け前にこの新高値から押したらすかさず買いを入れる。このように、いったん下落したあとで再び上昇することもあるので、買い戻しはこれよりも早めに行う。

　引けまでに高値からの押しで買うに当たっては、「上値追い」はしない。空売りと買いとはまったく別の取引ではあるが、空売りの手仕舞いによってすでに利益は得ているので、その利益でコストは削減できる。このあと買いの日で高く引けた場合、翌日は価格はさらに上昇することが予想されるため、買いの日で買った株は「高値で売れる」ことが期待できる。

　さて、買いの日に買った株の売り目標値を設定するに当たっては、買いの日の高値と買った価格との差を見るわけだが、安値の上で買ったのでこの差ほどの利益は期待できない。そもそもこのトレードはこの動きの一部をとらえることが目的なので、売りの日に上方に窓を空けて寄り付いた時点、あるいは買いの日の高値を上回ったらすぐに売る。

　買いの日に前に高値を付けた場合、そして特に価格が比較的高い水準にある場合、下降トレンドが始まると見てよい。まず前に高値を付けたら（いかなる日においても前に高値を付けるのは前日の終値から上方に窓を空けて寄り付いた場合か、寄り付いたあと上昇した場合）、そこから下落が始まるわけだが、下降トレンドになるのは、その日の上下の値動きで安値は更新されても戻りは前の高値にまでは「達しない」場合（安値と高値の切り下げ）のみである。もし価格を押し上げようとする動きが多くなり、それが少数の例外を除き強力な動きであった場合、上下の値動きで戻りは前の高値まで達する（高値の切り上げ）。したがって、こういった値動きが発生した日は注意が必要である。

下落が始まると、途中何回か小さく戻しながらも全体的には下落に向かう。こういった値動きの日は、その日がたとえ買いの日であっても買いサイドからのトレードは考えない。途中の小さな上昇局面で空売りしたのであれば、引け前には必ず買い戻す。

　空売りの日が安く引けた場合、買いの日は下方に窓を空けて寄り付く可能性が高く、この場合は前に安値を付けた時点で買う。しかし、寄り付き前に何らかのニュースが発表されれば上方に窓を空けて寄り付くこともあり、その場合、買いの日は前に高値を付ける。これはおそらくは若干の買い戻しによるものである。そのあと、この高値から下落が始まる。この高値で仕掛けた空売りはこの最初の下落途中で買い戻して、小利を確保しておくのが賢明だ。というのは、下落の底からは買い戻しが本格的に始まる可能性があり、それによって価格は上昇して高値を更新し、高く引けることが予想されるからである。

　したがって、この場合は後に高値を付けることになる。このケースの場合、インサイダーは、発表されたニュースはもう少し割り引いて考えるべきではなかったかと思うかもしれない。すでに買い戻しを行ったわれわれは、安値近くでの値動きを監視し、安値が空売りの日の安値を下回っているか、安値の切り上げになっているかどうかに注目する。安値の切り上げの場合のほうが望ましい。なぜならそれは支持線の位置が切り上がったことを意味するからである。この「静かなスポット」がわれわれの買いポイントになる。この安値からの急上昇はインサイダーによる買い戻しが始まったことを意味する。一般に、この安値から引けにかけての急上昇は弱い上昇であることが多い。したがって、引け前に売って利益を確定することが重要だ。なぜなら、翌日の売りの日は下方に窓を空けて寄り付く可能性が高いからである。買ったあと上昇しなかった場合は、引け前に必ず売る。この場合、価格がさらに下落し、買いの日に後に安値を付ける可能性が高いからである。

買いの日に下方に窓を空けて寄り付いたあと、前に高値を付けることもあるが、ここでは空売りはしない。前に高値を付けたのだから、当然ながら安値は後に付けることになる。この場合、前に高い価格を付けた位置から売られているはずなので、この安値からは上昇する可能性が高い。そして、この安値から上昇して高値を更新すれば、「前に高値を付けた」状態は一瞬にして「高値を後に付けた」状態に変わる。つまり、前に安値を付けたことになる。これは「買いサイド」からの仕掛けを促す強いシグナルであり、この場合、その日は高く引けるのが普通である。したがって、買いの日の安値で買った株に対する翌日の売り目標は高くなることが期待できる。

　高い価格から売られたあと安値を付け、その安値と終値との差が大きければ、同日中に利益を確保できる。したがってこの場合は同日中に利食いし、翌日の空売りの日まで市場（同じ市場）には戻らない。このあと市場がどんな動きをしても仕掛けてはならない。

　買いの日に前に高値を付けたときに空売りするのは、市場がその前の買いの日からずっと上昇し続けてきたとすると、今の買いの日はその上昇の４日目に当たるため、そろそろ上げ止まることが予想されるからである。大概は買いの日に前に付けた高値がその上げ止まりの位置になる。ただし、買いの日のローバイオレーションが発生した場合は、今の買いの日は上昇の３日目に当たる。

第10章

直前の高値や安値の突破に失敗する場合

Failures to Penetrate

　今、価格が1週間、あるいは2週間以上続く上昇トレンドの天井やその近辺にあり、その前の下降トレンドの底からの上昇幅が5セントか、5ポイントであるとしよう。これから天井に到達しようとしているのであれば、株式の場合は、その天井には比較的速く活発に大きな動きで商いを伴って到達するのが一般的だ。商品先物のテープには出来高は表示されていないので、その市場の活発度はほかの市場との比較で推測するしかない。価格はいったんこの天井に達するとおそらくは下落して、その日の残りの時間はこの天井の下方で取引され、この天井をやや下回った位置で引けるのが一般的だ。この下落は「インサイダー」の売りによるものである。彼らは少なくとも一時的には価格は十分高い水準にあると思っているわけである。インサイダーによる大量の売りによって、価格は天井以上には上昇はしないが、それほど大きくブレイクダウンすることもない。ただし、ときには大きくブレイクダウンすることもある。

　市場のこういった急騰は一般投資家の買いを誘う。そして、彼らの買い注文は翌朝の寄り付きで、この天井から下げたときの底の下方で執行される。一般に、価格が高水準にあるときは供給が需要を上回るため、翌日は下方に窓を空けて寄り付き、そのまま下落し、その安値から上昇し始める。ただしこの上昇局面では、株式の場合は動きは鈍

く商いは伴わず、商品先物の場合も動きは鈍い。そのため、前の高値まで達することはなく、高値に達する前に再び下落に転じる。

　もしここが天井ならば、これは上昇トレンドから下降トレンドへの転換を意味し、高値は更新されず、逆に安値は次々と更新されながら徐々に下落していく。

　トレンドが下降トレンドから上昇トレンドへと転換する下降トレンドの底付近では、株式にしても先物にしても、安値を付けるときには比較的動きが活発で商いを伴うが、そこから上昇するときは商いを伴う場合も伴わない場合もあり、そして再び下落に転じたときには前の安値を付けたときとは比較にならないほど値動きは鈍く薄商いになる。この２番目の下落（２番底や２回目の試し）では支持のためやほかの目的で大きく買われるため、下降圧力は弱まり、最初に付けた安値までは下げないか、下抜いてもせいぜい１ポイント程度である。

　このようにその直前に付けた高値や安値の突破に失敗する現象は、上昇トレンドでの上昇（２番天井）や下降トレンドでの下落（２番底）のいずれにおいても観測される。これはその時点で発表されたニュースによる場合もあるが、ほとんどのケースでは、終値を見ることで予想することができる。つまり、終値がその日の高値や安値に比べてどうだったか、を見るのである。安く引けた場合や「フラット」で引けた場合は価格はさらに下がることが予想される。その結果、売りの日や空売りの日に売り目標を突破することはない。

　買いの日の安値が空売りの日の安値よりも高く、安値が切り上げられている場合、支持線水準が切り上がったことを示しており、前の下落分が大きく回復されることが期待できる。場合によっては、６列目の「Ｄ」列の下落分がすべて回復されることもある。ただし、価格はそれ以上下落しない程度にしか支持されていないため、上昇後に再び下落することもある。

　買いの日は安値から上昇して引けることが多いが、売りの日に買い

の日の終値付近で寄り付いた場合、寄り付き後に上昇しても売りの日の目標値（買いの日の高値）を上抜くことはほとんどなく、そこから下落し始めれば、いわゆる買いの日のローバイオレーションがあとに発生するという現象が発生する。売りの日が買いの日の終値付近で寄り付いたとき、われわれは寄り付き後に少しでも上昇したら、あるいは寄り付き後にテープに現れる最初の売買で売る。このときの売り目標は買いの日の安値である。

売りの日に買いの日のローバイオレーションが最初に発生した場合、そのあと上昇しても買いの日の高値を上抜かないことが予想できる。もちろん、そのまま上昇して買いの日の高値を上抜く場合もあるが、これはごくまれなケースであり、大概は買いの日の安値を上抜くのがせいぜいである。6列目の「D」列の下落分をすべて回復するには買いの日の高値を上回るほどの上昇が必要である。いったんバイオレーションが発生すると3日以上下落し続けるのが一般的であり、その下落が一段落して上昇に転じるまでに1～2日を要する。上昇に転じてからは、多くの場合、売り日（売りの日と空売りの日）の高値を突破して、次の買いの日では前に高値を付けることが多いが、後に付ける場合もある。

売りの日に買いの日の高値を上抜くかどうかは、下落の大きさを示す「D」列の数字が判断の目安になる。

空売りの日では、高値から安値までの下落幅を見る。その差の一部が、またはときにはその差がそっくりそのまま買いの日の値幅になる。空売りの日の安値から上昇して高く引けた場合、買いの日の安値が空売りの日の安値を下回ることはない。したがって買いの日は安値の切り上げになり、BU列の数値はゼロになる。買いの日の安値が空売りの日の安値を上回っていればBUの数値がゼロになることは容易に推測できる。9列目の「BU」の数値がゼロになった場合、それ以降はしばらくは上昇トレンドが続くのが普通だ。

買ったり売ったりする前に、まずはこれまで述べてきたような、直前の高値や安値の突破に失敗する現象とその結果をしっかり脳裏に刻むことが必要だが、これをトレードに生かすには、市場でこの現象が起こっているときにそれを察知できなければどうしようもない。これは非常に難しい部類に含まれる「プレー」であると同時に、ダウンサイドとアップサイドのいずれにおいても最も儲かるプレーでもある。

　買い目標や売り目標の突破に失敗するときのプレーはわれわれの手法にも含まれる。株式や商品先物の過去の値動きを少し調べてみると分かるように、こういった値動きは平均して全時間帯のおよそ40％で発生しているのである。つまり、この値動きはわれわれの手法全般においてひとつの決め手となる値動きということが言えるだろう。

　目先天井や高値の突破に失敗するという現象は、下降トレンドやトレンドが天井で転換するときによく見られる。そして、買いの日、売りの日、空売りの日に安く引けるか「フラット」で引けたら、この現象が現れると見てほぼ間違いないだろう。一方、安値から上昇して引けた場合、翌日は上方に窓を空けて寄り付く可能性が高く、そのあと下げても目先底や安値を下抜くことはない。

　売りの日に買いの日の高値を上抜いて前に高値を付けたあと下落し、その日の安値近くで引けた場合、空売りの日は下方に窓を空けて寄り付く可能性が高い。このように、売りの日の下落に続いて空売りの日が下方に窓を空けて寄り付いた場合、ほとんどの場合はそのあと上昇する。そして今のトレンドが上昇トレンドであれば、売りの日の高値を上抜く。しかし、この目標値（売りの日の高値）まで達することなく、上昇したときの高値辺りで値幅が狭くなり動きが止まって売られ始めたら、直ちに空売りする。価格が比較的高水準の場合、このプレーは効果的だ。これに対して、上昇トレンドの底辺りでは値動きが狭いため、大した利益は得られない。

　空売りの日の上昇途中で空売りしたあと下落し、安値付近で動きが

ほぼ止まり、新安値を付けなかった場合は、動きが停滞する最初のサインで買い戻して損益を確定する。

ときとして空売りの日が下方に窓を空けて寄り付いたあと、そのまま下落し続けてトレード機会が与えられない場合もある。こういった場合は、そのまま何もしないで見守る以外に手はない。ここで場帳の登場となる。場帳をチェックすれば、もっと有利なトレード目標が見つかるかもしれない。例えば、同じ日に買い目標になっている場帳があれば、それをトレードすればよい。そういった銘柄は買いの日に前に安値を付けるのが普通だ。その安値で買ってそのあと上昇すれば利益になる。

空売りの日の寄り付きで下方への窓空けが大きすぎて、そのあと上昇しても目標値（売りの日の高値）にまで達しなかった場合、その日はトレードは見送る。つまり、下方に窓を空けて寄り付いてから上昇しても空売りはしない。こういった場合は、下落から上昇に転じればそのまま上昇し続けて後に高値を付ける可能性が高いからだ。これは上昇トレンドが持続することを示すサインである。

空売りの日に安値から上昇し、翌日の買いの日に上方に窓を空けて寄り付けば、そのあと下落しても空売りの日の安値までは下げず、安値の切り上げになる。

買いの日に空売りの日の安値まで下げなければ6列目の「D」の数値は小さくなる。これは空売りの日の安値から上昇トレンドが始まったことを意味する。逆に、買いの日に安値の切り下げ（買いの日の安値が前日の空売りの日の安値を下回る）になれば、「D」の数値は大きくなる。

上昇してそのあと前の安値まで下げなければ、「D」の数値は小さくなる。これは売りの日の目標値（買いの日の高値）を突破することを示唆するサインである。逆に「D」の数値が大きくなれば、それは下落を意味するため、おそらくは売りの日の目標値の突破には失敗す

る。安値の切り上げで買えばほとんどの場合が利益になるのは、空売りの日の安値から上昇し始めた直後に買うことになるからだ。これに対して、買いの日の安値の切り下げでの買いは、戻りの前のおそらくは一時的な安値をとらえたことにすぎない。

　売りの日で買いの日のローバイオレーションが前に発生した場合、この安値からの上昇は、絶対とは言えないにしろほとんどの場合は売りの日の目標値（買いの日の高値）の突破には失敗する。買いの日のローバイオレーションで買った場合の売り目標を買いの日の安値に設定するのはこのためである。

　安値の切り上げになるときには、空売りの日は安値から上昇して高く引けるため、翌日の買いの日の安値は空売りの日の安値までは下げない。つまり、価格は買いの日の安値で支持されるということである。このとき6列目の「D」の数値は小さくなる。したがって2日後の7列目の「R」の数値は大きくなることが予想できる。

　一般に、安く引けた場合、下落したあと上昇しても前の高値の突破には失敗（高値の切り下げ）し、逆に高く引けた場合、上昇したあと下落しても前の安値の突破には失敗（安値の切り上げ）する。

第11章

トレンドラインと
トレーディング

The Trend Line and Trading Areas

　場帳の日付列の右や左に引かれたラインはトレンドを表すトレンドラインである。ただし、このトレンドラインは中期の上昇トレンドと下降トレンドを示すものであり、短期トレンドを表すものではない。これとは別に季節性についてはトレード中は常に頭に入れておくことが重要だ。

　このトレンドラインで示した中期トレンドはそれよりも短いスイングに分けられるが、その短期スイングがわれわれのトレーディング領域であり、それぞれの領域は5セントまたは5ポイント以上の値動きを伴う。この中期トレンドにはトレーディング領域がいくつ含まれていてもよい。

　われわれが見るのは、各トレーディング領域の高値と安値、その値幅（何ポイント上昇したか、下落したか）、それぞれの動きに要した時間である。上昇や下落のいずれかの向きに2～3週間動いたあとの動きには特に注意する。

　季節性が上昇トレンドにあるとき、高値は次々と更新されると同時に、底付近には支持線が形成され、下落するたびに底は徐々に切り上がっていく。価格が前の天井に近づいたり、天井に達したら、そこをブレイク、つまり突破するかどうかに注目する。なぜならここがわれわれのトレード目標になるからである。一般に、突破する日の値動き

は大きくなる。季節性が下降トレンドにあるときもまったく同じだが、今度は底付近に注目する。

　天井や底付近で動きが止まった地点がわれわれのトレード目標になる。例えば、売りの日や空売りの日の目標値や買いの日に前に付けた高値は売り目標になり、買いの日の目標値や買いの日のローバイオレーションは買い目標になる。

　市場を長期トレンドで見ると非常に複雑だが、こうして小さく分解することで全神経を一つひとつの領域に集中させることができるため、混乱は避けられる。われわれのやるべきことは前の天井と底を注意深く見ることだけである。

　季節性が上昇トレンドにある場合、今トレードしている領域の高値が前の高値に近づいたら、価格水準が比較的安いときにはこの高値を突破することを期待し、価格水準が比較的高いときには突破しないことを期待する。なぜなら、価格水準が低いときには天井で買ってそのまま上昇すれば儲けになり、価格水準が高いときには天井で売ってそこから反転すれば儲けになるからである。しかし出来高が増えて動きが活発化すれば、その勢いで天井や底を突破することもある。

　前の高値や安値を突破したときに考えなければならないのは、どの辺りをトレード目標にするかである。突破するときの値動きは大きいため、自分に有利な方向に動いているときには、突破した直後を目標値にするのではなく、大きく突破した地点を目標値にするのがよい。

　われわれとしては、買い目標で買ったあとはそこを下抜くことなく上昇に転じることを期待し、売り目標で売ったあとはそこを上抜くことなく下落に転じることを期待する。

　トレードできる領域は継続する時間も値動きの大きさも毎回異なるため、各領域がどれくらい続くのか、価格がどれくらい動くのかは事前に予測することは不可能だが、それほど知る必要もない。しかし、その前の売り目標の高値や買い目標の安値の突破に失敗する場合、と

りわけ２～３週間の上昇や下落のあとで突破に失敗する場合、それはトレンドが転換するサインとみなすことができる。

われわれは一般に上昇トレンドや下降トレンドで、買ったり、売ったり、空売りを行ったりする。そのとき、上昇トレンドでは価格が売り目標に到達しそれを突破することを期待し、下降トレンドでは買いの日の安値の切り下げ（買いの日の安値が前日の空売りの日の安値を下回る）や買いの日のローバイオレーション（売りの日の安値が買いの日の安値を下回る）の発生を期待する。

下降トレンドでは下落が２日──空売りの日の安値から買いの日の安値の切り下げまで──続いてそのサイクルを終えるが、買いの日のローバイオレーションが発生すれば下降トレンドはもう１日延びる。

一方、上昇トレンドでは、押しは同日のうちに回復される。つまり、空売りの日に安値まで急落したあと、急上昇して高く引けるということである。その結果、買いの日は安値の切り上げになり、価格はそのまま上昇して売り目標を突破する。１日で大きく下落し、その下落幅が平均的な下落幅のときには同日のうちに買い戻さなければならないのはこのためだ。その日のうちに買い戻さなければ、次の買い戻しポイントは翌日の安値（安値の切り上げ）になってしまう。

新しく始まったトレードできる領域がどういった性質のものになるのかは、その前のトレードできた領域の特徴から予測することが可能だ。新しく始まったトレンドは前のトレンドの特徴をそのまま受け継ぐことが多いからである。例えば、前のトレードできた領域が１日の上下動の大きな上昇トレンドだった場合、新しく始まった下降トレンドの１日の上下動も大きくなる。また、前の上昇トレンドで垂直的な動きを見せていれば、新しく始まった下降トレンドでも底に達するまでほとんど戻すことなくほぼ垂直的に急降下するはずである。

それでは実際の図11.2～図11.7を参照しながらそれぞれの動きの特徴を見ていくことにしよう。まずは、速度の速い上昇トレンドか

ら。速い上昇トレンド(**図11.5**を参照)を見極めるには、6列目の「D」と7列目の「R」の数字を比較する。また、「R」の数字の上に付けられた逆スラッシュマーク（＼）と、3デイトレーディング手法の列に損失を示すマークが付いていないことにも注目しよう。上昇トレンドでも損失になったスイング（下降スイング）が発生することはあるが、損失は1ポイントに満たない場合が多い。また、「D」の数字が小さいときは「R」の数字が大きくなることも思い出そう。

　図11.4と**図11.7**は速度の速い下降トレンドを示したもので、動きの特徴は速度の速い上昇トレンドとちょうど逆になる。3デイトレーディング手法の列には損失になったスイングが発生し始める。

　図11.6は値動きが非常に小さく「横に動く」トレーディングでの領域を示したものだ。利益を生み出すほどの値動きのないこういったときには何もしないのがベストである。要するに、市場が与えてくれるものは何もないわけである。先導株の場合、値動きがこれ以上小さくなれば毎日テープ上に表示されるのは難しくなるだろう。ちなみにダウ工業株平均の1944年の年間の値幅はおよそ16ポイントであった。

　これらの図表はひとつの銘柄のそれぞれの動きを表す部分を抜粋したものにすぎないが、同じトレンドにあるそのほかの銘柄も同じような動きを示す。上昇トレンドであれ下降トレンドであれ、あるいは発生する年がどうであれ、日々の値動きの特徴はそれほど大きく変わることはない。

　ただし、株式は穀物などの商品とは動きの速さが異なる。株式は高値や安値周辺で売買され、またその日の高値や安値に達するまでに時間がかかるため、1ポイントの1/8または1/4の精度での売買が可能である。商品は株式よりも値動きが大きい。株式も値動きが大きいときはあるが、その動きを知るのに商品の動きに精通する必要はない。

　ここではUSスティールを例にとったが、ほかの銘柄の値動きパターンもほぼ同じようなものと考えてよいだろう。ただし、値動きに関

してはUSスティールよりも1日の値幅が大きな銘柄は多く、トレード対象としてはむしろそういった銘柄のほうが良いかもしれない。ここではあえて銘柄の紹介は行わない。自分がトレードする銘柄は自分で選ぶべきである。そしてその銘柄の場帳を作成し、熱心に研究すれば有利な立場に立てるはずである。銘柄の動きをじっくり観察すれば、各銘柄はそれぞれに「特徴」や「癖」を持っていることに気づくはずだ。そういった特徴をいったんつかんでしまえば、驚くほどの正確さで動きを予測できるようになるはずである。

　図11.9～図11.13のチャートは季節性を示したものである。これらのチャートをじっくり研究すれば、1年のうち穀物価格が最も高くなる時期と安くなる時期をかなり正確に把握することができるようになるはずである。ただし、株式には季節性はない。

　最後に、図表にトレンドラインを引くときには色分けすることをお勧めする。例えば上昇トレンドは青色、下降トレンドは赤色といった具合に色分けしておけば、その領域全体のトレンドはひと目で把握できる。

アマチュア投機家のためのトレンドライン

　毎日市場に参加するのはムリという人でも、自分の都合に合わせてトレードすることはできる。よくあることだが、別の仕事で1週間か、1カ月間、市場に参加できなかったとしても、常に市場とトレンドをウオッチしていれば、問題なく市場に戻ることができる。

　このテイラーの手法によるトレーディングに関して言えば、常に市場をウオッチするためには場帳を記録し続けなければならない。

　例えば辺鄙な場所で新聞も気配値も入手できないような場合は、場帳に毎日価格を記入する必要はない。こんなときはとりあえず場帳のしかるべき場所に丸だけつけておけばよい。家に戻ってきたときに彼

のやるべきことは、過去の新聞から価格を拾い出して場帳に記入するだけであり、トレーディング再開日に買うべきか空売りすべきか（このケースの場合、買っていないわけだから手仕舞いの売りはない）は場帳から簡単に判断できる。

市場のトレンド

「市場」とは買い手と売り手のオピニオンの相関関係を表すものである。マーケットレポートでよく目にする市況報告は、今日の市場の状態は昨日の市場の状態に比べてどうなのか、今日と比べて翌日はどうなるのか、あるいはその両方を示すものである。現在の価格水準を過去や将来の価格水準と比較することで生み出されるのが「場況」である。

マーケットレポートで用いられる市況を表す言葉は次のような意味合いで用いられる。

- **堅調**　全般的に価格が実際に上昇している状態を表す。
- **強含み**　上昇トレンドにあり、市場のセンチメントが強気で、さらなる上昇が予想される状態を表す。あるいは、価格が現在、高水準にあり、すぐには下落しそうにない状態を表すのにも用いられることがある。
- **しっかり**　売り手の信頼感が高まっている状態を表す。価格は前日の水準にとどまるか、若干高め。
- **膠着**　価格やトレンドに大きな変化がなく、方向感もなく、すぐに相場が動くという確かなセンチメントもない状態を表す。
- **さえない**　比較的動きが鈍く、変化する確かな傾向も見えない状態を表す。

●**不安定** 相場がこの先上昇するのか下落するのかについてトレーダーの間で意見が一致せず、先行きが不透明な状態を表す。あるいは、ハリケーンなどの大きな自然災害や労使問題、天候、規制など、市場に影響を与えそうな材料待ち状態を表すのに用いられることもある。
●**軟調** 全般的に価格が実際に下落している状態を表す。
●**弱含み** 下降トレンドにあり、市場のセンチメントが弱気で、さらなる下落が予想される状態を表す。
●**買い手不在** 市場が供給過剰で非常に安い価格でなければ買い手がつかないといった、異常な状態を表すときのみに用いられる。

こういった市況を表す言葉の頭に「やや」「ほぼ」「非常に」「きわめて」などの言葉を付けて、その市況の程度を表すこともある。

こういった市況を表す言葉をしっかり記憶しておけば、市場のセンチメントの変化をうまく読み取ることができるようになり、売買にも利用できるはずである。こういった市況が翌日に何らかの影響を及ぼす可能性はあるのか、あるとすればどういった影響を及ぼすのか、またそれによって自分の現在のポジションはどういった影響を受けるのか、また自分の近い将来に対する予測はどう変わるのか、といったことまで深く掘り下げて考えることが重要だ。新聞のコラムではタイトルにこういった言葉が用いられることが多い。

それでは、**図11.1**を詳しく見てみることにしよう。

●**1月10日（買いの日）** 寄り付きから若干上昇して249 1/4で前に高値を付ける。前日の空売りの日の高値は上抜かず。ここで空売り。1月8日の安値を下抜いたところで買い戻す。安値は前日比で1 1/4下落。244 3/4辺りで買う。市場はこの辺りから上昇するはず

図11.1　大豆の1948〜49年3月限（SH）のトレードサンプル

1949	O	H	246	C	D	SSE T R	BH	BV BU
JAN M10	248	249	244	247	9¼		○	1¼
T11	247	251	247	251		6¾		
W12	251	251	247	249		¼		
T13	249	249	245	245	6¼		○	2
F14	244	247	242	247		2⅛		3
S15	245	246	242	245				
M17	245	246	243	244	2¾		¾	○
T18	243	245	240	242		2¼		2¾
W19	243	245	242	245				
T20	246	246	243	244	2		1¼	○
F21	243	250	243	250		6¾		½

だが、もし上昇しなければ引け前に手仕舞う。実際には上昇して高く引ける。翌日は上方に窓を空けて寄り付いてさらなる上昇が期待される。

● **1月11日（売りの日）** 前日の終値よりも1/4下げて寄り付き、その直後から上昇。前日に買った株の売り目標は249 1/4。この売り目標を上回った時点で売る。その後も上昇し、254 1/2で後に高値を付けて、その日の高値近くで引ける。翌日、上方に窓を空けて寄り付いたら、今日の高値を上抜いた時点で空売り。

● **1月12日（空売りの日）** 前日の高値251 1/2を上抜いて上方に窓を空けて寄り付く。そこで前に高値を付けたので空売り。月曜日から始まった上昇の3日目に当たる今日、高値を付けたあと下落して一気に247 1/2まで下げる。高値から実に4 1/4ポイントというかなり大きな下落。このあと下落し続けるのか、上昇に転じるのかは分からない。こんなときは撤退するに限る。というわけで、この辺りで買い戻す。結局、247 1/2で下げ止まり、その後上昇して高値と安値の中間地点で引ける。明日は買いの日。247 1/2以下を買い目標に設定。明日、もし上方に窓を空けて寄り付いてそのまま上昇したら空売り。

● **1月13日（買いの日）** 下方に窓を空けて寄り付き、そのまま下落。したがって空売りのチャンスはなし。245 1/2で前に安値を付けたので買いには打ってつけ。安値は前日比で2セントの下落。これは「BU」値としては平均的。成り行きで買いを入れる。「D」の数値が大きいので大きな上昇は期待できない。予想どおり上昇はなく、ほぼフラットで引けそうな雰囲気。引け前に手仕舞い売り。翌日は下方に窓を空けての寄り付きが予想される。買いの日のローバイオ

レーションが最初に発生すれば買いのチャンス。

●**1月14日（売りの日）** 予想どおり下方に窓を空けて寄り付き、その後さらに下落して242 1/2で安値を付ける。これは3セントのバイオレーション。バイオレーションが最初に発生したので、ここで成り行きで買いを入れる。このあと上昇したら引け前に売る。売り目標は245 1/2。この目標値に達するか上抜けた時点で売る。今日は251 3/4から始まった下落の3日目に当たる。売ったあと価格はかなり上昇して高値を付けたので、そこで空売り。この日は高値近くで引ける。しかしバイオレーションが発生したため、明日はそれほど上昇はしないはず。おそらく天井を付けるのは次の買いの日になるだろう。

●**1月15日（空売りの日）** 下方に窓を空けて寄り付く。前日の引けからかなり下げたため空売りはしない。このまま静観。このあと下落して前に安値を付ける。引け前に上昇し、後に高値を付けることが予想される。これは上昇トレンドが始まるサイン。前日、242 1/2で買いの日のローバイオレーションが発生したため、高値は月曜日に付けるだろう。月曜日に前に高値を付けたら空売り。そうなれば月曜日は上昇の3日目に当たる。この日は高く引けたため、月曜日はさらなる上昇が期待できる。

●**1月17日（買いの日）** 1/4セント下げて寄り付くが、その後上昇して前に高値を付ける。246を上抜いた時点で空売り。買い戻しの目標値は242 1/2の上。これで利益が出たら242 1/2を買い目標に設定。243 1/4辺りで動きが停滞し、ここで後に安値を付ける。しかし3/4セントの安値の切り上げ。この辺りで買いを入れる。そのあとこの安値より上昇して引ける。支持線水準が前の取引日より切り上がっ

ているので、明日はさらなる上昇が期待できる。

● **1月18日（売りの日）** 243 3/4で下方に窓を空けて寄り付く。買いの日の引け時点における利益は売りの日の寄り付きですでに一部消失。こういった場合は、寄り付きから少しでも上昇したら直ちに売る。逆に下落したら、売りポイントとして注目すべき位置は買いの日の安値である243 1/4の上。このあと安値まで下落して上昇に転じたら、買いの日の安値辺りには注意が必要だ。この辺りで動きが鈍り、再び若干下落することがあるからである。この辺りで動きに陰りが見え始めたら、この安値を上回った時点ですぐに売る。240 1/2であとに発生したバイオレーションはトレードには役立たない。高値を付けるのは次の買いの日になるだろう。

● **1月19日（空売りの日）** 上方に窓を空けて寄り付いたあと売られる。前に安値を付けたため、空売りはせず静観。この日は後半で上昇して後に高値を付けることが予想される。前日に買いの日のローバイオレーションが発生している点は15日と同じ。後に高値を付けたあと、高く引ける。明日は今日の高値を上回って上方に窓を空けて寄り付くことが予想される。今日の高値を上回って寄り付いたら空売りする。そうなれば明日は240 1/2から上昇し始めて3日目に当たる。もし下方に窓を空けて寄り付けば、前に安値を付けるはず。その場合は242 3/4の上か、下で買いポイントを見つける。しかし、その日は高く引けたため、明日はさらに上昇する可能性が高い。

● **1月20日（買いの日）** 245 1/2を上回って上方に窓を空けて寄り付く。245 1/2を上回った位置で空売り。空売りの日の安値である242 3/4辺りまで下がったところで買い戻す。このあと買う機会を探す。市場は上昇しておらず、後に安値を付けるが、安値の切り上げにな

る。安値の切り上げでの買いは利益に結びつくことが多い。したがって、引け前に買う。明日はさらなる上昇が期待できそう。今日の値動きは17日の値動きと同じ。

● **1月21日（売りの日）** 下方に窓を空けて寄り付き、243でバイオレーションが発生。ここから上昇し始める。下方に窓を空けて寄り付いたため、前日の引けで買った株のことが心配になる。243から上昇し始めたら売りポイントを探さなければならない。売り目標は買いの日の安値である243 1/2。ここを過ぎたら、動きが鈍り上昇が止まるか、さらに勢いを増して上昇し続けるかのいずれかだ。実際にはこの地点を過ぎてもそのまま上昇したため、売り目標を買いの日の高値である246 3/4に変更。ここを上抜いたら直ちに売る。上値追いはしない。

図11.2　日々の値動きの小さい上昇トレンド（USスティール）

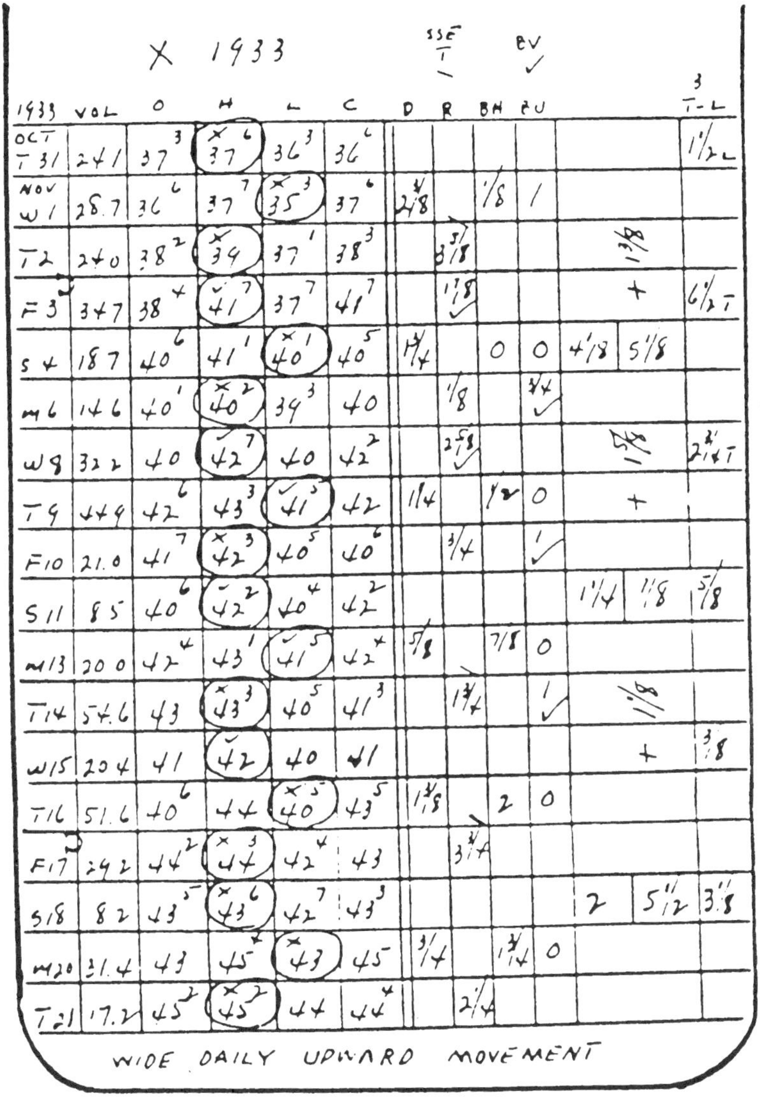

X 1933

SSE T　BV ✓

1933	VOL	O	H	L	C	D	R	BH	RU			3 T-L
OCT T31	241	37^{3}	× 37^{6}	36^{3}	36^{6}							1 1/2 L
NOV W1	28.7	36^{6}	37^{7}	× 35^{3}	37^{6}	2 3/8		1/8	1			
T2	240	38^{2}	× 39	37^{1}	38^{3}		3 3/8			1 3/8		
F3	347	38^{4}	✓ 41^{7}	37^{7}	41^{7}		1 7/8 ✓			+		6 1/2 T
S4	187	40^{6}	41^{1}	× 40^{1}	40^{5}	1 3/4		0	0	4 1/8	5 1/8	
M6	146	40^{1}	× 40^{2}	39^{3}	40		1/8		3/4 ✓			
W8	322	40	✓ 42^{7}	40	42^{2}		2 5/8 ✓			5/8		2 1/4 T
T9	449	42^{6}	43^{3}	✓ 41^{5}	42	1 1/4		1/2	0	+		
F10	21.0	41^{7}	× 42^{3}	40^{5}	40^{6}		3/4		1 ✓			
S11	85	40^{6}	42^{2}	40^{4}	42^{2}					1 1/4	1 1/8	5/8
M13	200	42^{4}	43^{1}	✓ 41^{5}	42^{4}	5/8		7/8	0			
T14	54.6	43	× 43^{3}	40^{5}	41^{3}		1 3/4		1 ✓	1/8		
W15	204	41	✓ 42	40	41					+		3/8
T16	51.6	40^{6}	44	× 40^{5}	43^{5}	1 3/8		2	0			
F17	242	44^{2}	× 44^{3}	42^{4}	43		3 3/4					
S18	82	43^{5}	× 43^{6}	42^{7}	43^{3}					2	5 1/2	3 1/8
M20	31.4	43	45^{4}	× 43	45	3/4		1 3/4	0			
T21	17.2	45^{2}	× 45^{2}	44	44^{4}		2 1/4					

WIDE DAILY UPWARD MOVEMENT

図11.3　日々の値動きの大きい下降トレンド（USスティール）

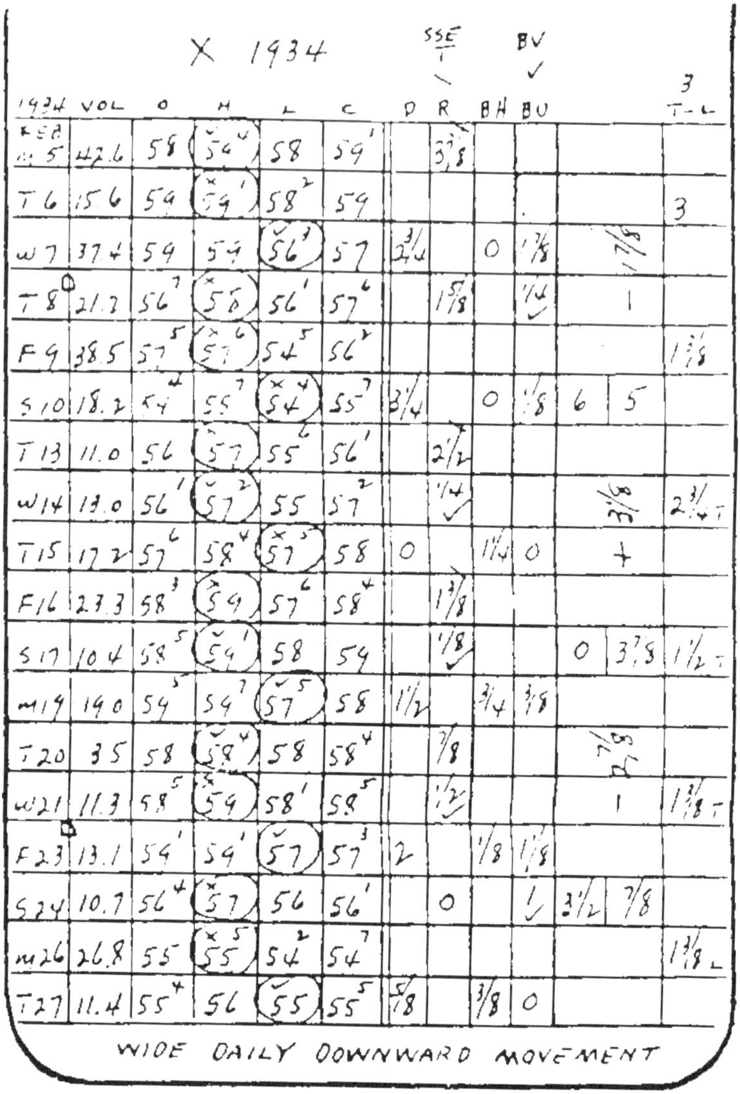

X 1934

SSE BV

1934	VOL	O	H	L	C	D	R	BH	BU			3 T-L
FEB M 5	42.6	59	59^{4}	58	59^{1}		3 3/8					
T 6	15.6	59	59^{1}	58^{2}	59							3
W 7	37.4	59	59	56^{3}	57	2 3/4		0	1 7/8	1 7/8		
T 8	21.2	56^{7}	58	56^{1}	57^{6}		1 5/8		1/4	1		
F 9	38.5	57^{5}	57^{6}	54^{5}	56^{2}							1 3/8
S 10	18.2	54^{4}	55^{7}	54^{4}	55^{7}	3/4		0	1/8	6	5	
T 13	11.0	56	57	55^{6}	56^{1}		2 1/2					
W 14	13.0	56^{1}	57^{2}	55	57^{2}		1/4			3 3/8		2 3/4 T
T 15	17.2	57^{6}	58^{4}	57^{5}	58	0		1 1/4	0	+		
F 16	23.3	58^{3}	59	57^{6}	58^{4}		1 3/8					
S 17	10.4	58^{5}	59^{1}	58	59		1/8			0	3 7/8	1 1/2 T
M 19	19.0	59^{5}	59^{7}	57^{5}	58	1 1/2		3/4	3/8			
T 20	35	58	58^{4}	58	58^{4}		7/8			2 7/8		
W 21	11.3	58^{5}	59	58^{1}	58^{5}		1/2			1		1 3/8 T
F 23	13.1	59^{1}	59^{1}	57	57^{3}	2		1/8	1 1/8			
S 24	10.7	56^{4}	57	56	56^{1}		0		1	3 1/2	7/8	
M 26	26.8	55^{5}	55^{5}	54^{2}	54^{7}							1 3/8 L
T 27	11.4	55^{4}	56	55	55^{5}	5/8		3/8	0			

WIDE DAILY DOWNWARD MOVEMENT

図11.4　速度の速い下降トレンド（USスティール）

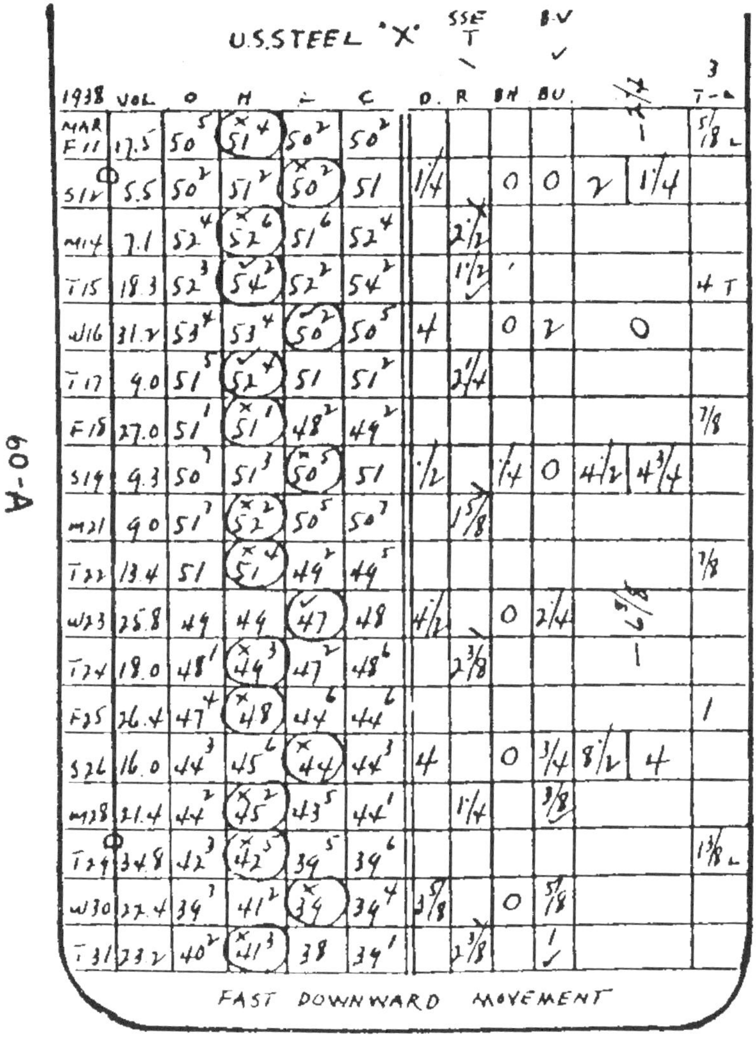

1938	VOL.	O	H	L	C	D.	R	BN	BU.			T-L
MAR F11	17.5	50^{5}	51^{4}	50^{2}	50^{2}							5/8 L
S12	5.5	50^{2}	51^{2}	50^{2}	51	1/4		0	0	2	1/4	
M14	7.1	52^{4}	52^{6}	51^{6}	52^{4}		2 1/2					
T15	18.3	52^{3}	54^{2}	52^{2}	54^{2}		1 1/2					4 T
W16	31.2	53^{4}	53^{4}	50^{2}	50^{5}	4		0	2	0		
T17	9.0	51^{5}	52^{4}	51	51^{2}		2 1/4					
F18	27.0	51^{1}	51^{1}	48^{2}	49^{2}							7/8
S19	9.3	50^{7}	51^{3}	50^{5}	51	1/2		1/4	0	4 1/2	4 3/4	
M21	9.0	51^{7}	52^{2}	50^{5}	50^{7}		1 5/8					
T22	13.4	51	51^{4}	49^{2}	49^{5}							7/8
W23	25.8	49	49	47	48	4 1/2		0	2 1/4			
T24	18.0	48^{1}	49^{3}	47^{2}	48^{6}		2 3/8			1		
F25	26.4	47^{4}	48	44^{6}	44^{6}							1
S26	16.0	44^{3}	45^{6}	44	44^{3}	4		0	3/4	8 1/2	4	
M28	21.4	44^{2}	45^{2}	43^{5}	44^{1}		1 1/4		3/8			
T29	34.8	42^{3}	42^{5}	39^{5}	39^{6}							1 3/8 L
W30	27.4	39^{7}	41^{2}	39	39^{4}	3 5/8		0	5/8			
T31	23.2	40^{2}	41^{3}	38	39^{1}		2 3/8		1			

図11.5　速度の速い上昇トレンド（USスティール）

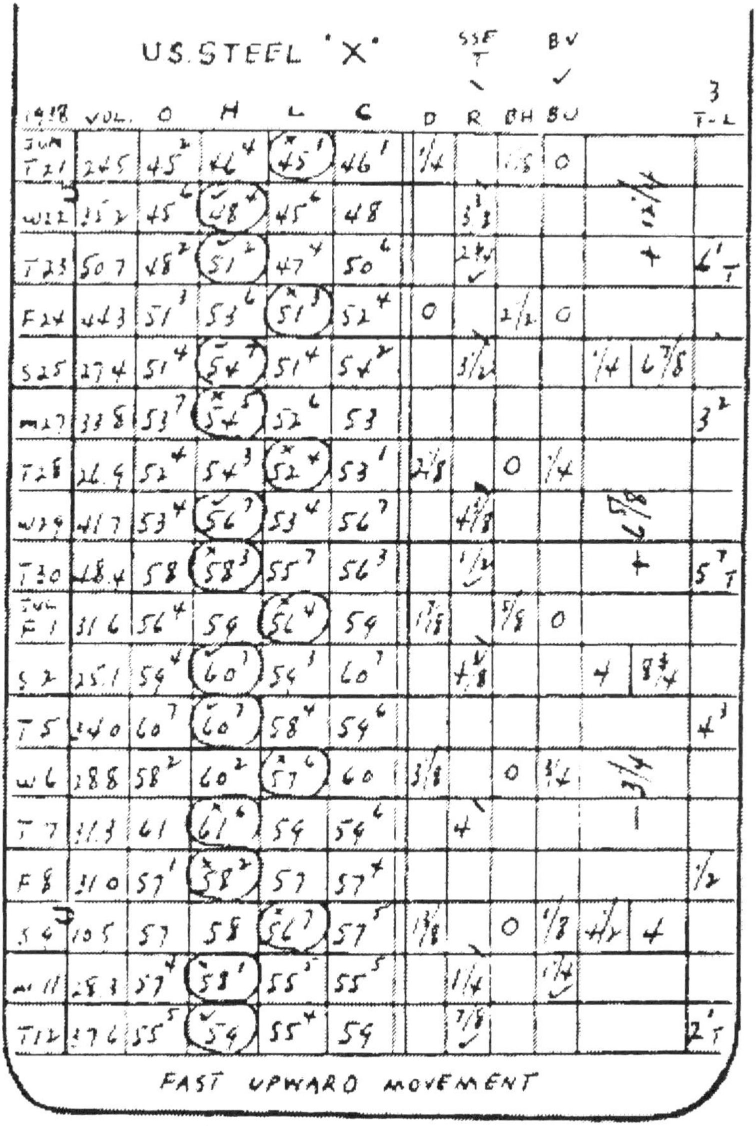

US. STEEL "X"

1918	VOL.	O	H	L	C	D	R	BH	BU			3 T-L
JUN T21	245	45^{2}	46^{4}	45^{1}	46^{1}	1/4		1/8	0			
W22	352	45^{6}	48^{4}	45^{6}	48		$3^{3}/8$					
T23	507	48^{2}	51^{2}	47^{4}	50^{6}		2 3/4				+	6^{1} T
F24	443	51^{3}	53^{6}	51^{3}	52^{4}	0		2 1/2	0			
S25	274	51^{4}	54^{7}	51^{4}	54^{2}		3 1/2			1/4	6 7/8	
M27	338	53^{7}	54^{5}	52^{6}	53							3^{2}
T28	26.9	52^{4}	54^{3}	52^{4}	53^{1}	2 7/8		0	1/4			
W29	417	53^{4}	56^{7}	53^{4}	56^{7}		4 3/8					
T30	18.4	58	58^{3}	55^{7}	56^{3}		1/2				+	5^{7} T
JUL F1	316	56^{4}	59	56^{4}	59	1 7/8		5/8	0			
S2	251	59^{4}	60^{1}	59^{3}	60^{1}		4 1/8			4	8 3/4	
T5	240	60^{7}	60^{7}	58^{4}	59^{6}							4^{3}
W6	288	58^{2}	60^{2}	57^{6}	60	3/8		0	3/4			
T7	313	61	61^{6}	59	59^{6}		4					
F8	310	57^{1}	58^{2}	57	57^{4}							1/2
S9	105	57	58	56^{7}	57^{5}	1 3/8		0	1/8	4 1/2	4	
M11	283	57^{4}	58^{1}	55^{5}	55^{5}		1/4		1/4			
T12	376	55^{5}	59	55^{4}	59		7/8					2^{1} T

FAST UPWARD MOVEMENT

図11.6　非常に狭いレンジでのトレード領域（USスティール）

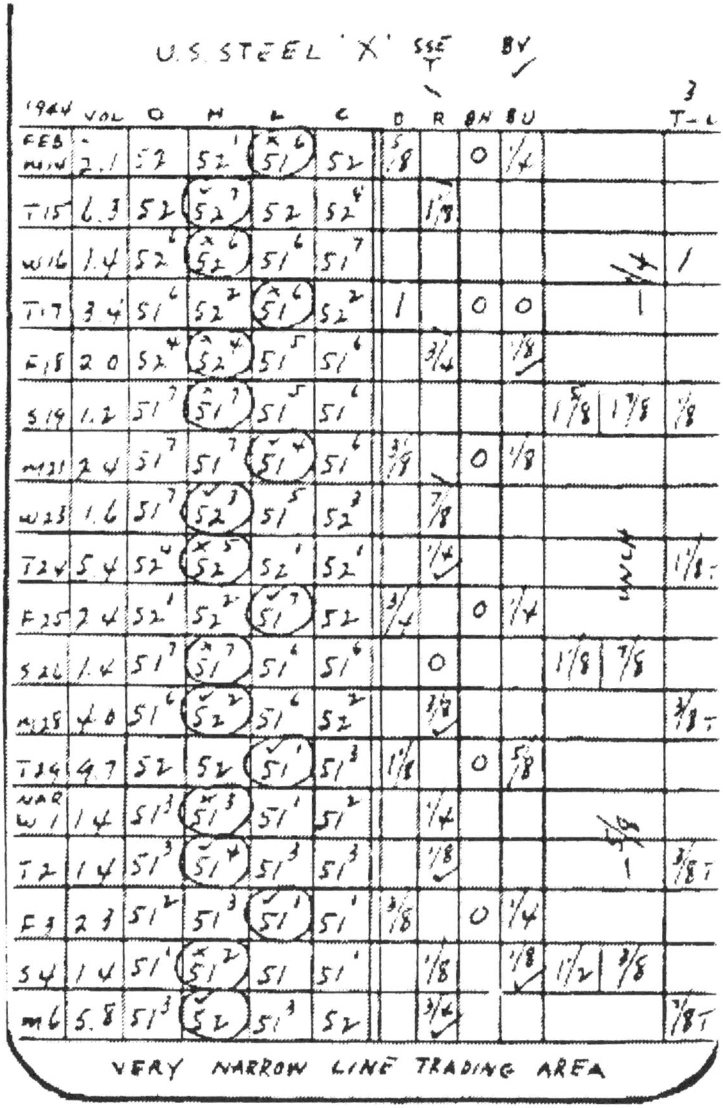

U.S. STEEL 'X' SSE T　BY ✓

1944	VOL	O	H	L	C	D	R	BN	BU			3 T-L
FEB M14	2.1	57	52^{1}	51^{6}	52	5/8		0	1/4			
T15	6.3	52	52^{7}	52	52^{4}		1/8					
W16	1.4	52^{6}	52^{6}	51^{6}	51^{7}					1/4		1
T17	3.4	51^{6}	52^{2}	51^{6}	52^{2}	1		0	0	1		
F18	2.0	52^{4}	52^{4}	51^{5}	51^{6}		3/4		1/8			
S19	1.2	51^{7}	51^{7}	51^{5}	51^{6}					1 5/8	1 7/8	1/8
M21	2.4	51^{7}	51^{7}	51^{4}	51^{6}	3/8		0	1/8			
W23	1.6	51^{7}	52^{3}	51^{5}	52^{3}		7/8					
T24	5.4	52^{4}	52^{5}	52^{1}	52^{1}		1/4			1/4		1 1/8 T
F25	2.4	52^{1}	52^{2}	51^{7}	52	3/4		0	1/4			
S26	1.4	51^{7}	51^{7}	51^{6}	51^{6}		0			1 1/8	7/8	
M28	4.0	51^{6}	52^{2}	51^{6}	52^{2}		1/8					3/8 T
T29	4.7	52	52	51^{1}	51^{3}	1 1/8		0	5/8			
MAR W1	1.4	51^{3}	51^{3}	51^{1}	51^{2}		1/4			5/8		
T2	1.4	51^{3}	51^{4}	51^{3}	51^{3}		1/8			1		3/8 T
F3	2.3	51^{2}	51^{3}	51^{1}	51^{1}	3/8		0	1/4			
S4	1.4	51^{1}	51^{2}	51	51^{1}		1/8		1/8	1 1/2	3/8	
M6	5.8	51^{3}	52	51^{3}	52		3/4					7/8 T

VERY NARROW LINE TRADING AREA

図11.7　速度の速い下降トレンド（USスティール）

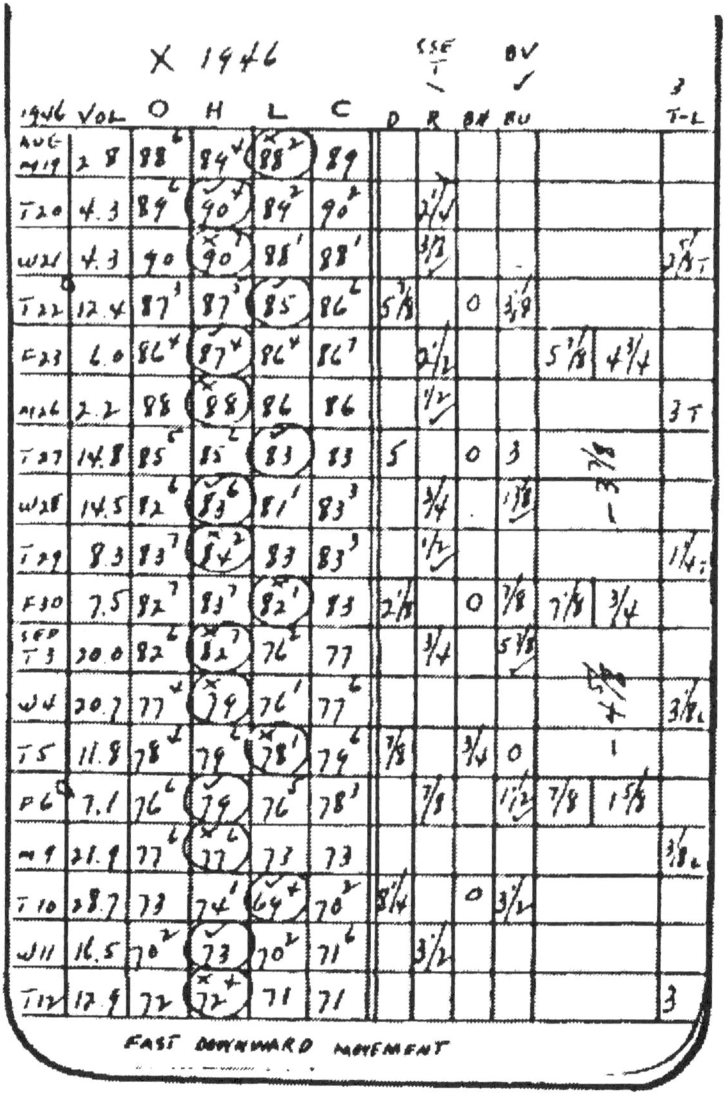

X 1946

1946	VOL	O	H	L	C	D	R (SSE T)	BN	BU (BV)			T-L (3)
AUG M19	2.8	88^{6}	89^{4}	88^{2}	89							
T20	4.3	89^{6}	90^{4}	89^{2}	90^{2}		2¼					
W21	4.3	90	90^{7}	88^{1}	88^{1}		3/8					2 5/8 T
T22	12.4	87^{3}	87^{3}	85	86^{6}	5 1/8		0	3/8			
F23	6.0	86^{4}	87^{4}	86^{4}	86^{7}		2½			5 3/8	4 3/4	
M26	2.2	88	88	86	86		1/2					3 T
T27	14.8	85^{6}	85^{2}	83	83	5		0	3			
W28	14.5	82^{6}	83^{6}	81^{1}	83^{3}		3/4	.	1 3/8			
T29	8.3	83^{7}	84^{2}	83	83^{3}		1/2					1 1/4 T
F30	7.5	82^{7}	83^{7}	82^{1}	83	2 1/8		0	7/8	7/8	3/4	
SEP T3	20.0	82^{6}	82^{7}	76^{2}	77		3/4		5 3/8			
W4	20.7	77^{4}	79	76^{1}	77^{6}							3 7/8 L
T5	11.8	78^{2}	79	78^{1}	79^{6}	7/8		3/4	0			
F6	7.1	76^{6}	79	76^{5}	78^{3}		7/8		1 1/2	7/8	1 5/8	
M9	21.9	77^{6}	77^{6}	73	73							3/8 L
T10	28.7	73	74^{1}	64^{4}	70^{2}	8 3/4		0	3 1/2			
W11	16.5	70^{2}	73	70^{2}	71^{6}		3 1/2					
T12	17.9	72	72^{4}	71	71							3

-3 7/8

4 5/8

FAST DOWNWARD MOVEMENT

第11章 トレンドラインとトレーディング

図11.8 綿花1951年7月限（ニューヨーク先物取引所）

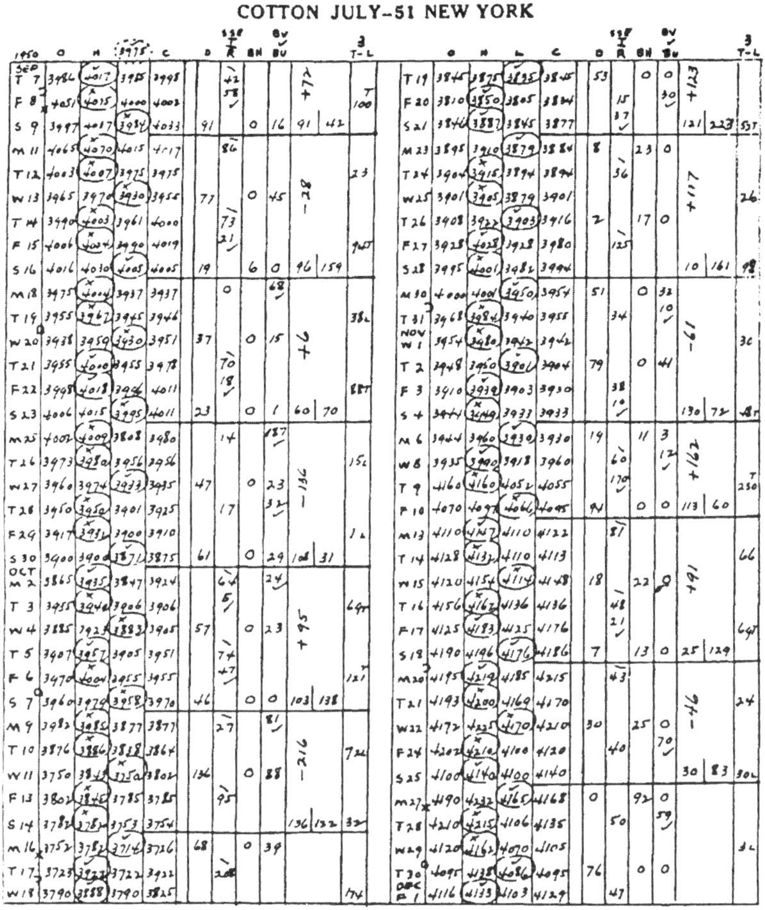

下降トレンド（高い価格水準のトレーディング領域）　上昇トレンド（高い価格水準のトレーディング領域）

113

図11.9 小麦価格の季節性
SEASONAL TREND OF WHEAT PRICES

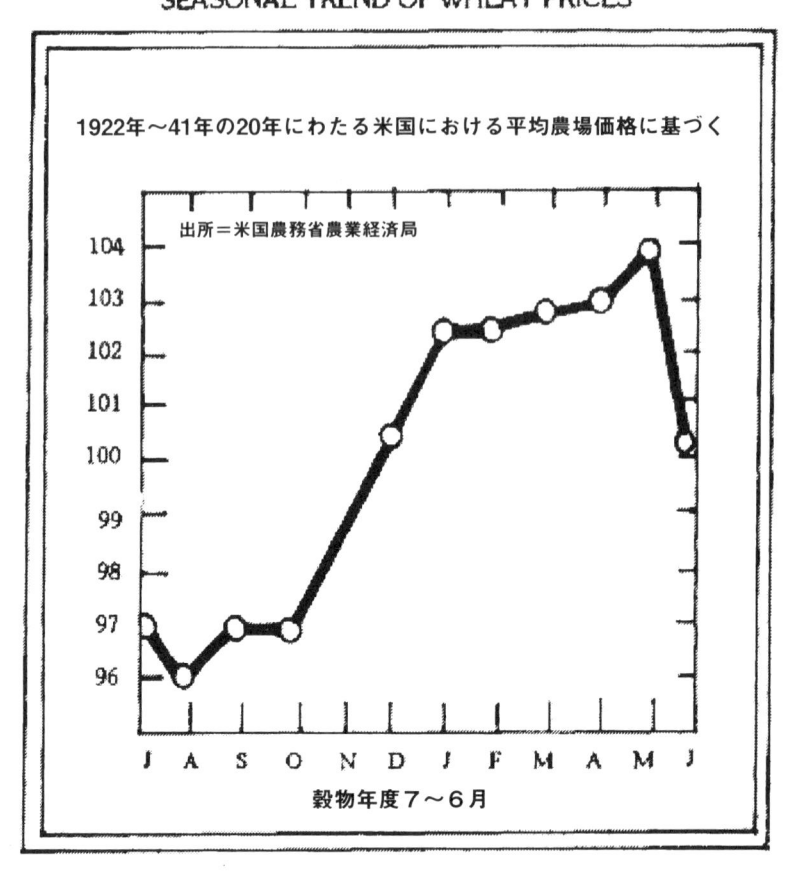

1922年～41年の20年にわたる米国における平均農場価格に基づく

出所＝米国農務省農業経済局

穀物年度7～6月

　小麦価格の季節性は典型的なパターンを示す。これを表したものが図11.9のチャートである。収穫期を迎えると価格は低下するが、ハーベストプレッシャーが沈静化すれば価格は上昇し始める。この上昇は新穀が出回り始めるまで続く。
　価格が下落に転じるのは収穫期のおよそ1カ月前である。しかし、高金利・高価格が続く近年においては必ずしもこのパターンどおりに動くとは限らず、借り入れによって供給量が制限されればパターンに大きな変化が生じる可能性はある。

図11.10 綿花価格の季節性

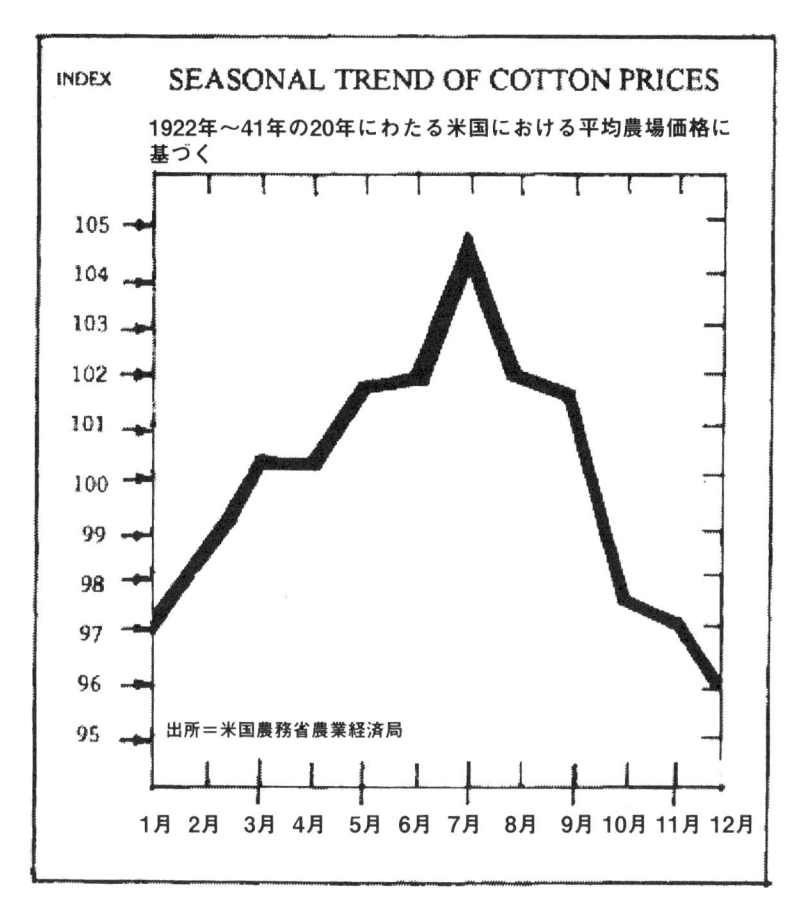

SEASONAL TREND OF COTTON PRICES

1922年～41年の20年にわたる米国における平均農場価格に基づく

出所＝米国農務省農業経済局

これはトレーダーも投機家も当てにできる季節性のパターンである。このような季節性を熟知している者ならば、トレードを優位に運ぶことができるだろう。

図11.11　トウモロコシの季節性

SEASONAL TREND OF CORN PRICES

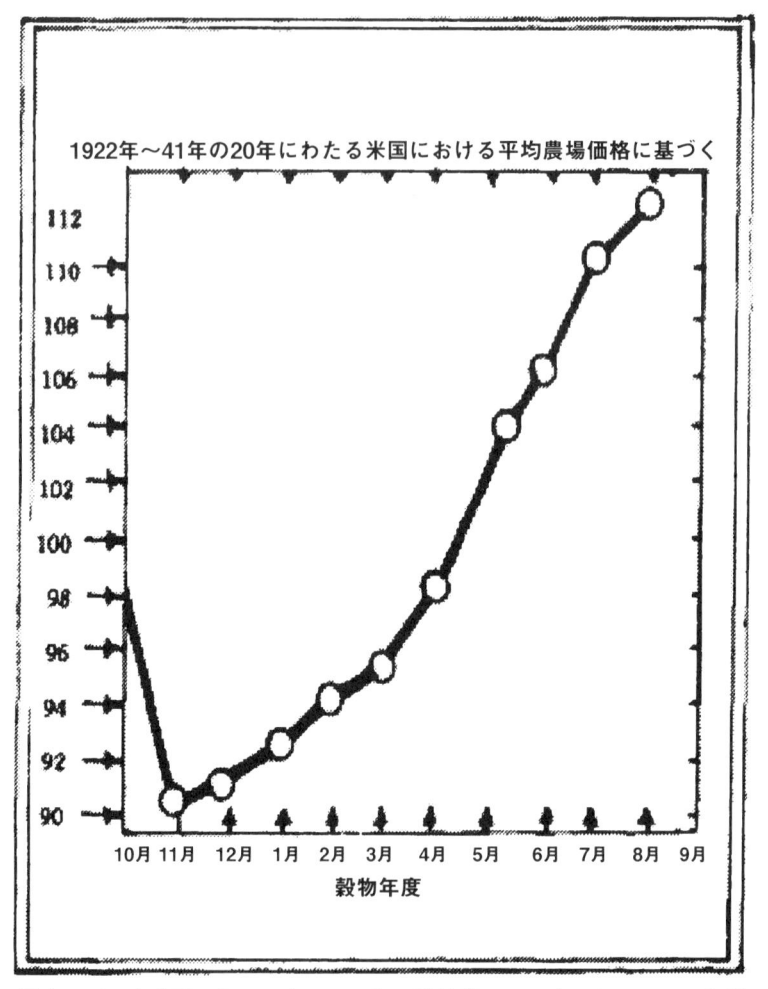

1922年～41年の20年にわたる米国における平均農場価格に基づく

（縦軸：90～112、横軸：10月・11月・12月・1月・2月・3月・4月・5月・6月・7月・8月・9月）

穀物年度

　過去のデータを見ると、トウモロコシは季節性がはっきりしている。収穫がピークを迎える11月を底値として、価格はそれ以降毎月上昇し続け、在庫が底をつく8月に価格はピークに達する。そして新穀が出回り始める時期を前に8月からは下落し始める。
　11月の最安値から8月の最高値まで長期にわたる季節性が続くわけだが、この間には小さな上下動が繰り返され、こうした小さなトレンドが短期トレーディングができる領域になる。

第11章　トレンドラインとトレーディング

図11.12　飼料用穀物価格の季節性

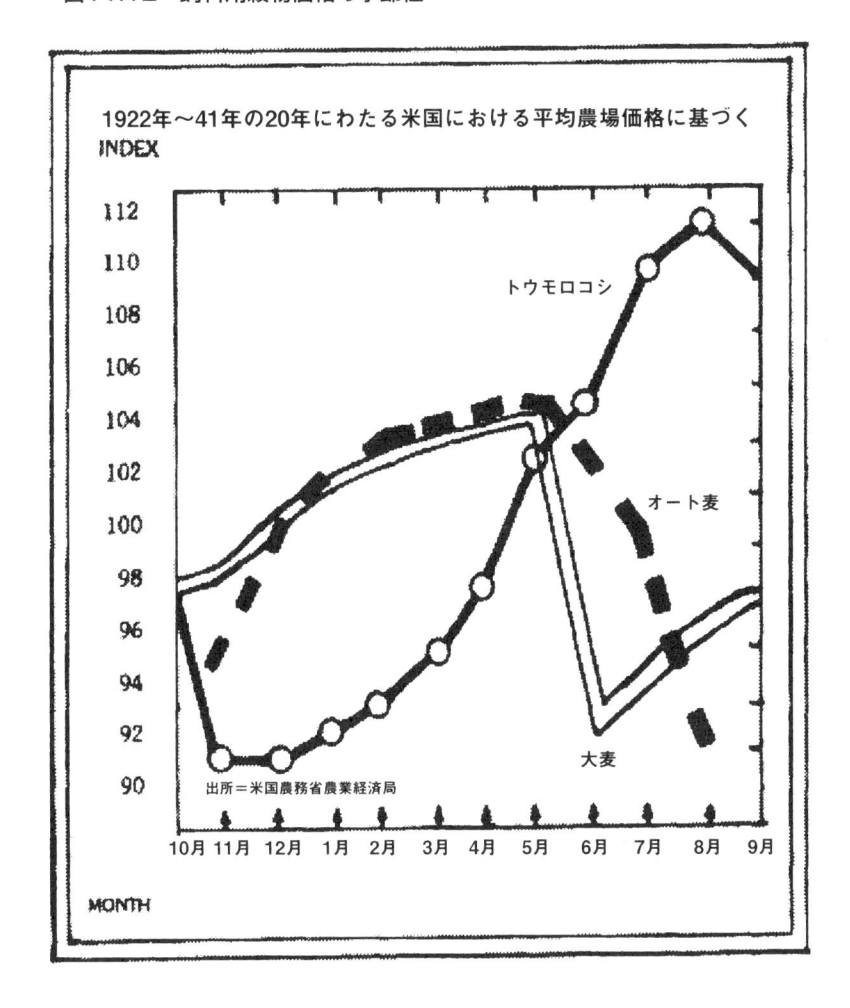

1922年〜41年の20年にわたる米国における平均農場価格に基づく

INDEX

トウモロコシ

オート麦

大麦

出所＝米国農務省農業経済局

10月 11月 12月 1月 2月 3月 4月 5月 6月 7月 8月 9月

MONTH

図11.13　大豆価格の季節性——1937〜41年の平均農場価格に基づく

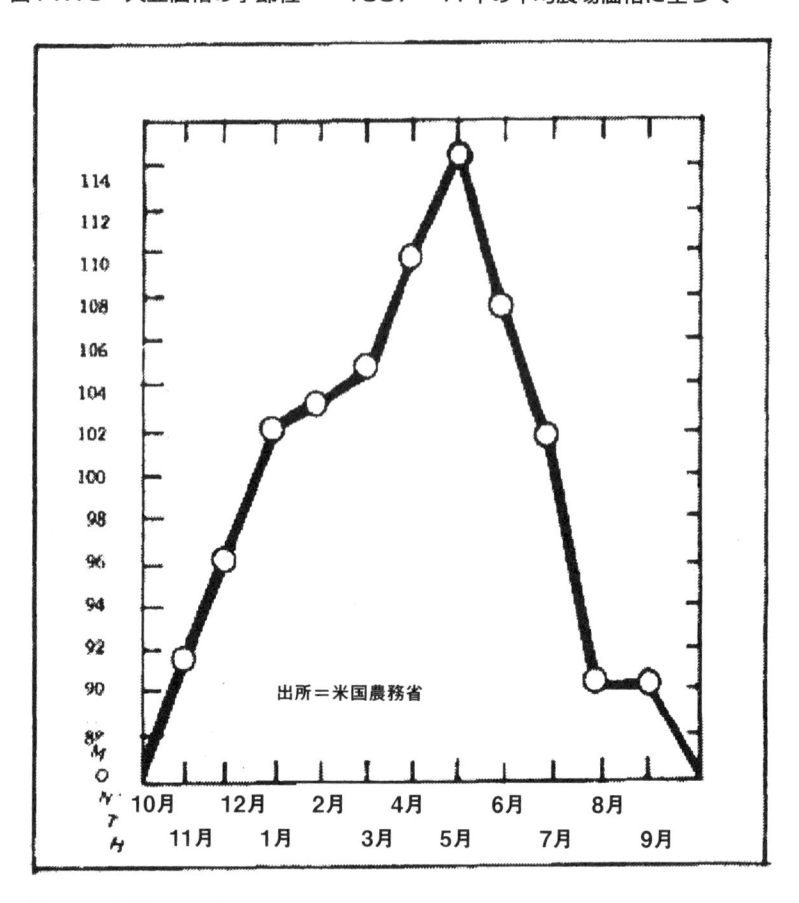

　図11.13を見てみよう。これは1937年〜41年のデータを基に作成した穀物年度における大豆価格の平均的な季節性のグラフを示したものである。5月あるいは遅くとも6月までには製粉業者需要がほぼ満たされ残りの在庫需要が正確にはじきだされるため、この時期から価格は下落し始める。そして新穀が出回り始める時期を前に価格はさらに下落し、新穀が出回り始める直前に短期間だけ横ばいになったあと、ハーベストプレッシャーを受けて価格はさらに下落する。製粉業者たちは年間需要量を確保するために、12月31日までには全穀物供給量のおよそ50％を購入する。大豆に対する需要が満たされるにつれ10月の最安値から価格は急激に上昇する。トレーダーにとっても投機家にとっても、こういった季節性のパターンを知っておくことは重要である。

第12章

ストップ安とストップ高

Limit Day Moves

　連続ストップ安は比較的高い価格帯から始まる。

　下降トレンドにおける売りポイントは3つある。①売りの日の売り目標、②空売りの日の売り目標、③買いの日に前に付けた高値——の3つである。ただし、下降トレンドにおいて売りポイントとして使えるのはこのうちの2つ——②空売りの日の売り目標と③買いの日に前に付けた高値——だけである。

　連続ストップ安が始まるこれら3つの候補地点のうち、売りの日の売り目標からこの下落が始まった場合、買った株をここで売って市場から撤退することになる。この場合、市場に再び戻ることはないため、動きの一部を取り損なうかもしれないが、その代わりに資金を保護し、価格がもっと安くなった地点での買いの力を温存することができる。資金を保護し、もっと有利な機会が訪れたときにすぐに動けるようにしておくことは、投機の基本のひとつでもある。

　空売りの日から下落し始めた場合は空売りすることになるが、ストップ安なのでポジションはそのまま維持する。なぜなら、まず第一にわれわれは投機家であるからだ。また「売買できなくなる」こともあり、その場合には維持せざるを得ない。

　買いの日に前に付けた高値から下落し始めた場合も、この高値は空売りポイントになる。この種の動きは簡単にチェックできる。買

いの日に前に付けた高値から下落し始めると、前日の空売りの日の安値、つまり買いの日の買い目標に達し、それを下抜くが、その下落の底からの動きが普通とは異なる。ここでわれわれのルールのひとつの出番である――「買いの日に株式や先物が上昇する気配を見せず、フラットで引ける――つまりその日の安値で引ける――可能性が高い場合、さらに下落するのが一般的」。この種の動きでは、その日の安値にきわめて近い価格で引けるのが普通で、こういった場合には買わない。買いの日に後に安値を付けた（丸で囲まれた数値にはvマークが付けられている）とき、価格はさらに下がる可能性が高いからである。

一方、連続ストップ高は比較的安い価格帯（おそらくは非常に安い価格帯）から始まる。あるいはゆっくりとしたペースで長期にわたって上昇を続けてきた株価が最後に最高潮に達するときに急上昇してストップ高になることもある。

連続ストップ高のスタート地点の候補として挙げられるのが、①買いの日の買い目標、②買いの日のローバイオレーションを前に付けたとき、③空売りの日の高値から急激に売られて安値に達したとき――である。空売りの日の高値から急激に売られ始めると、安値に達するまでずっと下げ続けるので人々はパニックに陥る。安値に達すると今度は急に上昇し始める。しかも急ピッチで上昇する。通常はそのまま上昇し続けるが、再び下落に転じることもある。ただし前の安値までは下げないこともある。そして本格的な上昇が始まるのは翌日の買いの日の安値の切り上げからである。弱気な雰囲気のなかで一見下がると思わせておいて突然上昇するのがこのケースである。大概は何らかのニュースが引き金になる。そして市場の内部要因はただちにその影響を受ける。ニュースに影響されて得策とは思えない空売りが大量に仕掛けられて強力な内部要因が構築されると、ここで仕手筋が登場する。大量に仕掛けられた空売りに加え、仕手筋がさらに空売りを仕掛けると相場はさらに下落し、一般投資家は底付近で空売りをさせられ

る。そこで仕手筋はすかさず買い戻す。その結果、相場は急上昇する。これがこの上昇のカラクリである。

　われわれとしてはいつこういった動きが始まるのかを知る手立てはないが、この上昇の動きに乗れるチャンスは２カ所ある。①買いの日の安値で買うか、②買いの日のローバイオレーションを前に付けた時点で買うか——のいずれかである。ただし、買いの日の安値や買いの日のローバイオレーションのいずれかから上昇に転じなければ意味はない。

　まとめると、下落の動きに乗るには、空売りの日の高値や買いの日の前に付けた高値で売る。

　そして、上昇の動きに乗るには、買いの日の安値や買いの日のローバイオレーションを前に付けた時点で買う。

第13章

3デイトレーディング手法

The Three Day Trading Method

パート1

　銘柄選択に当たっては、その会社の過去の業績と将来性を示すレポートを入手するのが最もよい。しかしその会社の株価の動きがレポートの内容に一致しなければ、その銘柄は無視したほうがよい。つまり、株価は見てもよいが買ってはならない。買う時期は、市場のテクニカルな性質と、現在株価のその年の高値や安値との関係に基づいて決定する。例えば、今ほぼ天井（おそらくは一時的な高値）で売られているので、少し待てばかなり安く買えるだろう、といった具合だ。ブルマーケットといえども1年のうちに何度かは調整によって大きく下落するのが一般的で、そのときが買いの絶好のチャンスである。ただし、買うタイミングを外さないことが重要だ。市場全体の下落に伴って個々の銘柄が下落するのは大した問題ではない。重要なのはどのように上昇するかであり、トレーダーは上昇し始めたときに備えて準備が必要である。

　トレーダーが買いポイントとして注目すべき水準は、高値を付けたあと大きく下落して底を付けたときである。株価が底から上昇するためには大量に買われなければならず、その上昇を維持するためには継続して買われなければならない（良い銘柄でもトレード対象としての

魅力やスポンサーシップに欠けているなどの理由で動きが鈍く、そのためにアクティブトレーダーの目を引かないものも多い)。

　将来性のある銘柄は投資対象として魅力的だが、「材料が出て」から買ったのでは遅すぎる。材料が出たときにはもう売り対象になっているからである。

　買うときにはその銘柄の動きに注意することが重要である。まず、その銘柄の底での動きや、明確な水平トレンド（狭いレンジ相場）が形成されて商いを伴って活発に売買されているときの動きに注意する。このあと動きと出来高に異変が見えたら、上方にブレイクする合図である。レンジを上方にブレイクしたらすかさず買いを入れる。ただし、この時点では目標数の一部のみ買い、反落しないかどうかを見る。反落しなければブレイクはダマシではなく、自分の判断は正しかったわけだから高値を次々と更新し始めたら目標数まで買い増ししていく。このように分割買いをするのは、時として一度上方にブレイクしても反転してレンジを下方にブレイクすることもあるからである（この種の動きが発生するとレンジの底の下に置かれたストップが次々とヒットするため、本物の動きが始まる前にダマシに引っかかった者は振り落とされてしまう）。こうして買った株はその動きの間中持ち続ける。保有期間は3カ月から6カ月と長期間にわたることもある。あるいは天井を付けてから反転するまで持ち続ける。

　株式や商品にはレンジ相場以外から上昇し始めるものもある。例えば、長期にわたって徐々に下落し続けたあと急落していきなり安値を付けたかと思うと、突然急上昇して、そのあと再びゆっくりと下落する。ただし、このときは商いはかなり縮小し前に付けた安値までは下げない。こういった急落局面では買わず、そのあと上昇し再びゆっくり下落して動きが鈍るのを待つ。そして動きが鈍くなった時点で目標株数や枚数の一部を買う（ここで買った分は安値を更新するようなことがあればすぐに売る）。そして、高値を次々と更新し始めたら増し

玉していく。安値を更新したために手仕舞い売りを余儀なくされた場合は、更新された安値からやり直す（底を狙うのは、底を付けたあと上昇し始めると平均で10％以上上昇することが多いからである）。

　出来高が非常に少ないために動きが鈍く、ときおり商いがまったくない日もあるといった、きわめて薄商いの銘柄は人々が無関心であることを示している。こういった銘柄は人々の関心が戻って活発に取引されるようになるまで買いは控える。こういった動きを発見したら、その会社のレポートをチェックして原因を調べる必要がある。商いの伴わないような株を継続して買うのはムリである（同様の動きは、上場間もない商品市場でも一時的な現象として見られる）。

　ベテラントレーダーでテープを読む人は、本物の上昇とトレンド転換を価格の戻りから判断することができる。下落幅の２分の１から３分の２戻せば本物の上昇である。まだ下げ止まっていなければ、上昇しても前の高値まで上昇することはない。これは売りが買いに先行している状態である。こういった場合は、出来高は少なく、動きは鈍く、天井辺りで上昇は止まる。上昇トレンドが続くのであれば、出来高も需要もコンスタントに増加し、買い戻しのための需要が切迫すれば、上昇の勢いはさらに加速する。この場合は買いが多くなるため高い価格で買われる一方、売りは減少する（この動きは日々の小さな動きや長期にわたる大きな動き、さらには平均株価のなかにも見られる）。

　株式の多くは天井を２つ持つ――リアルトップ（Real Top）とアクチュアルトップ（Actual Top）。リアルトップとは長期にわたって上昇したあと最初に大量に売られた高値である。そして大量の売りによって１週間以上下落したあと、リアルトップまで上昇するときと同様の商いを伴って上昇し、多くの場合は最初に付けた高値（リアルトップ）を上回る。このときの高値がアクチュアルトップである。トレーダーはリアルトップでインサイダーによる売りを察知したらすぐに売り始められるように常に相場を監視していなければならない（ここ

で重要なのは、買う人がいるうちに売る、ということである。保有株数が大きいときには特にそうである)。ベテラントレーダーは(実際に達するかどうか分からない)アクチュアルトップは待たずにリアルトップに達した時点で利食いする。ときとして、リアルトップとアクチュアルトップが一致する場合もある。この場合、株価は高値を更新するため、一般トレーダーは非常に強気になり、そのまま持ち続けるか新たに仕掛けるが、大概は高値をつかまされる(これこそまさに彼らに期待されていることなのである)。

リアルトップを付けるときの値動きを見てみると、長期にわたって徐々に上昇してきたあと、1日か数日間、躍進的な伸びを見せ、最後にそれまでと比べて異常なほどの大商いを伴って一気に急上昇してリアルトップに達する。高値を付けるとさらなる買いに抵抗し、需給バランスが取れた状態になる。売買は依然として活発だが、どちらかの方向に動くことはない。この時点における激しい売りは一時的にはやむが、「情報通」の売り手は損失を出さずに市場の吸収能力を超えてもなお放出し続ける。彼らのこの行為によって相場は下落し、日中の商いは激減する。この下落の底近くに達すると、1日かそこら出来高が目立って増加する——売られた株をすべて吸収し、市場を反転させるためには大量の買いが行われなければならない。最も大量の支持の買いが行われるのがこのリアルボトム(Real Bottom)である。その後、短期間だけやや上昇するか、連続的に上昇したあと売られ、リアルボトムを下回って再び底を付ける。このときの底がアクチュアルボトム(Actual Bottom)で、このアクチュアルボトムから再び上昇する(一般に、高値の更新は人々を強気にさせ、買いを誘発する。一方、安値を更新すると人々は弱気になるため底で売るか、少なくとも買いは控える)。

リアルボトムではトレーダーはのちの上昇を見込んで、あるいは前よりもさらに上昇してアクチュアルトップまで達することを想定して、

最小売買単位だけ購入する（わずかな売買量ではあるが、アクチュアルトップを更新したらその時点で、またはそれを上抜いた時点で直ちに売ること。やや上昇したあと再び反落して前の支持線を下抜くこともあるからだ）。

　トップに達したことがはっきり分かる株式とは違って、ただひとつのトップに達するには達するが、商いは伴わず、トップに達したことがはっきりとは分からない株式もある。そしてそのうちに下落が始まる。この下落は長期にわたる。上下動を繰り返しながらも方向としては明らかに下落する方向に動いていく。こういった動きにおける天井は認識しづらい（ただし、認識できればの話だが）。トレーダーはこういった株式についてはその特徴をよく理解しておく必要がある。将来のスイングを予測する際の手掛かりとして、少なくとも過去のスイングにおける上昇と下落のパーセンテージは調べておく必要はあるだろう。そして、過去のデータと同じかそれ以上に上昇した場合には、その価格に満足して売るべきである。こういった株式の場合、適切な期間内に高値を更新しないときには売るべきである。同市場のほかの銘柄の天井付近の動きが重い場合はなおさらである（市場のこういった多様な動きを認識できれば、この多様性は市場全体の内部要因が弱まったことを確認するためのツールとして利用できる）。

　実は古くからある市場の原理に基づいて正しく売買しようとするトレーダーにとっては、こういった「新しい発見」や統計学に基づくそのほかの退屈な市場指数などはほとんど必要ではない。

パート2

　この手法はビッグボード（NYSE、ニューヨーク証券取引所）で取引されている株式や、穀物をはじめとする商品先物に適用することができるが、株式については株価がテープに毎日流され、市場全体に比

べて出来高が大きく、人気銘柄で、売り気配値と買い気配値の差がそれほど広くなくて、売買がしやすい銘柄を選ぶことが重要だ。

低位株は変動幅があまり大きくないためこの手法には向かない。それに対してダウ工業株平均の組み入れ銘柄の多くは変動幅が大きく、3デイスイングにおけるレンジも2～3ポイント以上と大きいためこの手法に打ってつけだが、40～75ドルの価格帯にもこの手法が使える銘柄は数多く存在する。

まずは2～3銘柄を選んで場帳を作成することから始めよう。公共図書館に行けば新聞のバックナンバーがあるのでデータはそこから取ればよい。

場帳はメジャートレンドの調整局面である二次的な下落の底から始めるか、数カ月前にさかのぼった時点から始める。これは過去のデータから、その銘柄の上昇・下降パターン、高値と安値の差、安値と高値の差、値動きの規則性と連続性といった、その銘柄特有の値動きパターンを把握するためである。場帳を作成すれば、これらの情報はすべてそこから取得可能である。

それぞれの銘柄にはそれ特有の値動きパターンというものがある。市場に先行して上昇するものもあれば、市場と同時に上昇するものもある。あるいは上下動を繰り返し、まるで「自分の進路をふさいでいる」かのような動きを見せるものもある。われわれの手法に最も効果的なのが一番最後のタイプのものであるが、スプレッド(高値と安値の差)が十分な利益を狙えるほど大きければなお良い。

トレード対象となる銘柄を選んだら、それに一点集中し、ほかの銘柄のことは一切考えない。

この手法は厳密な意味で純粋に機械的な手法であるが、トレードしようとする商品や株式の動きに確信を持つことが必要である。つまり、過去のデータからその商品や株式の値動きパターンをつかみ、将来的にもほぼ同じパターンで動くことを確信するということである。こう

した確信を持ったうえでこの手法を使えば、デイトレードとは違って、トレーディングの細部にこだわる必要はなく、この手法のやり方に機械的に従ってトレードすればよい。

この手法では最終的に利益が損失を上回ればよい。なかには損失になったスイングも当然ながらあるだろう。しかし過去のデータが示すとおり、わずかな例外を除き、一般に損失になったスイングによる損失の大きさは小さく、利益になったスイングによる利益の大きさは大きい。ただし上昇トレンドでは利益になったスイングによる利益額が損失になったスイングによる損失額が必ず上回る。したがって、この単純な手法――買い目標や売り目標が現れたらできるだけ有利に売買する――に従順に従ってトレードしさえすれば、最終的には損益バランスがプラスになる。

これは買いサイドからのトレードには当てはまるが、売りサイドからのトレードはどうなのだろうか。買いサイドからだけでは利益の半分しか取得したことにならない。ここで注意しなければならないのは、NYSEでの株式の空売りは商品の空売りとは若干異なる点である。取引所の規定によって、株式の空売りには制約が設けられているのである。3デイトレーディング手法にしてもデイトレードにしても、現物の売りに関しては、多くの場合、天井で1/8ポイントの精度で売ることも可能である。しかし、株式の空売りには制約があるため必ずしも思いどおりにいくとは限らない。これは何の制約も設けられていない商品先物との大きな違いである。

株価が高値に達すると売り抜けが始まるため、トレーディングレンジが変化する。これは安値に達したときも同じだが、安値に達したときと異なるのは、トレーディングレンジがそれまでのレンジより広くなり、上下動が頻繁に発生し、出来高も増える点である。したがって空売りする場合は、この動きが静まるのを待って空売りしたほうがよい。過去のデータによれば、空売りしなくても買いだけで利益が出る

ため、空売りができないとか、やりたがらないトレーダーが多い。しかし、この手法では空売りするか否かは自由である。

こういうふうに書くと、空売りはするなという意味にとられるかもしれないが、けっしてそうではない。あなたの選んだ株式のスプレッドが拡大し、買いサイド、売りサイドのいずれからも利益が出そうなときは空売りしたほうがよいに決まっている。値動きのどの段階にいようと、どちらのサイドにいようと、あなたは市場が提供してくれる利益を得るために「そこ」にいるのだから。

この手法では売りの日ではトレードしないが、売りの日の価格トレンドは常に監視しておく必要がある。というのは、売り日である空売りの日の価格がどうなるのかは、売りの日の価格の動きから予測できるからである。価格が売り日に売り目標(売りの日の高値)を突破するかどうかと言っても、その売り目標が分かっていなければ判断のしようがない。

売りの日では、高値と安値を確認すると同時に、どちらを前に付けたかも確認する。売りの日に後に高値を付けるということは、翌日は上方に窓を空けて寄り付き、売り目標(売りの日の高値)を突破することを示すサインになる。

また売りの日に前に高値を付けたあと下落し、後に安値を付けてから上昇して引けた場合も、そのあとさらに上昇して売り目標を突破する可能性が高い。しかし、買いの日の安値で買って、翌日の売りの日に買いの日のローバイオレーションが発生した場合は、売り目標までは上昇しないことが多い。買いの日のローバイオレーションは価格が売り目標を突破しないことを示すサインであり、トレンドは弱い上昇トレンドにあることを示している。これは一般に下降トレンドでトレードする領域で発生することが多い。したがって売り目標で売れることはあまり期待できない。一方、売りの日の安値が買いの日の安値を上回った場合は、売り目標を突破して、空売りの日の高値で売れる可

能性が高いため大きな利益を期待できる。

　価格が売り目標に達したら、それを突破してもしなくても、利益になろうと損失を出そうと、ためらわずに売る。「そのまま持ち続けて下落していくのを指をくわえて見ているようなことをしてはならない」。たとえ損失を出したとしても、翌日は買いの日なので、安値で買ったあとそのまま上昇スイングに乗ることができれば、その損失は穴埋めできるうえ、利益も出るはずである。

　ここで指摘しておきたいのは、損切りすることを恐れてはいけないということである。そして損切りは小さい損のうちにして、自分の間違いに気づいたらできるだけ速やかに実行して損失の拡大を阻止する。近いうちに必ず訪れることを確信しているもっと有利な機会を得るために損切りしたのであれば、それは損失には当たらない。

　デイトレードとは違って3デイトレーディングでは買いの日のローバイオレーションが発生しても売り目標は変わらない。買いの日の安値で買ったら、たとえバイオレーションが発生しても持ち続ける。あとはこのバイオレーションを乗り切って、空売りの日に売り目標周辺で売るだけである。

　前にも述べたように、この3デイトレーディング手法は純粋に機械的な手法である。買ったら売り、株式の場合は最終的に損益のバランスがプラスになればよく、商品先物の場合は納会までの期間中の損益バランスがプラスになればよい。

　この3デイトレーディング手法を穀物先物に使っているトレーダーは、先物が納会するまでに買いサイドと売りサイドの両サイドでそれぞれ100回近くの機会（トレーディングスイング）があることに気づくはずだ。そして過去のデータを見ると、買い目標や売り目標は50％を上回る確率で突破されている。

　市場のトレンドは年ごとに異なる。ブルマーケットやベアマーケットが大きな上下動を繰り返しながら形成される年もあれば、小さな上

下動を繰り返しながら形成される年もある。過去の株価チャートを基に、それぞれの銘柄について異なるトレンド期間の値動きを場帳に記録してみるとよいだろう。

　上昇のあとどういった下落を見せるのかは、上昇の動きを見ることによってかなり正確に予測することができる。短時間のうちにほぼ垂直に上昇したのであれば、それに続く下落も短時間でほぼ垂直に下落する可能性が高い。こういった場合、3デイトレーディング手法を使っているトレーダーであれば、買い目標で買うことはとりあえず見送って、空売りの日を待つだろう。空売りの日に空売りし、買いの日に買い戻す。そしてまた空売りの日に売って、買いの日に買い戻して……を、こういった急峻な下落が止まり、底で支持されて上昇し始めるまで続けるだろう。動きが落ち着いてきたら、また買いの日の買い目標で買って、売るという従来のやり方に戻る。

　下落の狙いは価格をつり下げることにあるわけだから、下落途中に買うのはトレンドに逆らうことになる。しかし、価格が下落するときには一気に下落することはめったになく、上下動を伴うのが普通である。したがって下落途中でトレンドに逆らって両サイドからプレーすれば利益に結びつくことが分かった。売りが一巡したあとは下落の底から本格的に上昇し始めるので、この下落途中の両サイドからのプレーはそこでやめる。

　速い上昇の動きについても同じことが言える。例えば、保ち合いや買い集めの時期のように価格が安いところから上昇するとき、価格は急上昇する。一般に、こういった場合の値動きは非常に小さい。このときの狙いは価格をつり上げていくことにあるわけだから、下落は非常に小さく、そのため両サイドからのトレードは不可能である。こういったときには買いサイドからだけトレードを行う（つまり、買いの日の買い目標で買いだけを行い、空売りはしない）。つまり、買いの日に買って、それを空売りの日まで保持し、空売りの日に買ったもの

を売り、次の買いの日にまた買う。そして高い価格から下落し始めたら、そのときに初めて空売りの日の売り目標で空売りする。上昇トレンドにしても下降トレンドにしても、1日の上下動が大きいときには両サイドからのトレードが可能である。

あらゆる上下動で売り買いすれば長期的に見れば利益に結びつくが、必ずしも上下動のたびにトレードする必要はない。少なくとも、ここで述べたような速い動き（上昇や下降）が予想されるときには特にそうである。

1日で価格が急落する。これは考えただけでも恐ろしいが、実際にポジションを持っているトレーダーはパニックに陥るため、ほとんどのトレーダーはこれを乗り切ることができない。価格の急落で生じる損失の大部分は一時的な含み損にすぎないが、この急落を乗り越えるには潤沢な資金が必要になるからである。

第14章

スイングトレーダー

The Investor and Swing Trader

　3デイトレーディング手法によるスイングトレードで株式を買い集めたり、売り抜けたりする場合に注意しなければならないのがその方法であるが、スイングトレーダーはこの点はしっかり心得ている。

　買い集めには、目標数を一度に買うのは賢明とは言えない。売り抜けについてもまったく同じであるが、ポジションを一度に清算してしまおうとするトレーダーが多いのが実情である。しかし、一度に売れない場合もある。市場の内部要因が売りに十分に適した水準に達していない場合などがそうである。こういった場合に売れば、予想以上に安い価格でしか売れないという憂き目に遭う。

　売買を有利に行うには、買い集めには買いの日の目標値を、そして売り抜けには売りの日の目標値を適用するのがよい。こうすれば何ポイントか、何ドルも有利なレートで売買できる。

　売買を考えている株式の場帳を作成するという点では、デイトレーダーもスイングトレーダーも同じである。

　売買に当たっては、彼らはまず今のマーケットの状態(ブルマーケットかベアマーケットか)を見極め、自分が売買しようとしている株式の価格水準が市場全体の価格水準と比べてどうなのかをチェックする。また、長期トレンドが上昇トレンドか下降トレンドかとは無関係に、マイナートレンド(日々の上下動)で買いと売りのどちらから始

めるかを決める。そして、例えば上昇トレンドにあるときには、自分にできるだけ有利になるように買う。

例えば、合計で500株以上買おうと思っているとすると、その目標株数に応じて、例えばまずは100株買う、といった具合だ。最初の株数を買ったら、次の買いの日を待って次の株数を買う。こうして目標株数に達するまで買い続ける。この方法は一度にまとめて買うよりも平均コストは高くつくが、それぞれの買い注文で利益が出る確率は高く、自分の方向感が正しかったことを確認することもできる。比較的安い価格帯で買い始め、市場が上昇トレンドにあった場合、こういった買い方ならば市場全体が突然下落してもそれほど大きな損失を被ることはない。

売りについても同じである。あらかじめ決めておいた日に売り目標でのみ売る――つまり、空売りの日の目標値と買いの日に前に高値を付けたときにのみ売る。このやり方でいけば常に上昇トレンドで売ることができる。

いずれの場合も、トレーダーはベストプライスで売買したとか、少なくともベストプライスで売買することを試みたという確信は持てるだろう。

トレーディングテクニックとは一言で言えば、研究、観察、経験を通じて、市場で絶えず発生している相場操作を見抜き、値動きの各段階で市場から発せられるシグナルを読み取る能力である。投機において最も重要なのは、その銘柄の市場全体に対する市場の内部要因が強いか弱いか、グループ内のほかの銘柄と比べて強いか弱いか、そしてニュースにおける注目度（本書執筆時点におけるニュースメディアはテレビ）である。これはたとえ配当支払いの発表や決算発表以前であっても同様である。

スイングトレーダーやセミプロの投資家にとって、最大の関心事は株価の上昇である。したがって銘柄の選択が最も重要になる。市場を

牽引する企業は保守的な企業が多いため、トレード利益はポイントではなくパーセンテージ（割合）で見積もるほうがよい。過去のデータを少し調べてみれば、トレード対象として考えている銘柄の多くは自分のトレーディングスタイルに合わないことが分かるはずである。その銘柄の１年間に発生するスイングの高値と安値を調べ、上昇スイングと下落スイングでは平均的に何％くらい上昇（安値から高値までの値幅）または下落（高値から安値までの値幅）するのかをチェックする。平均株価の上下動が大きいときでも、各銘柄の上下動は絶望的なくらい小さいこともある。

　株式を低価格──ベアマーケットの底やブルマーケットにおける二次的な下落の底──で買った場合（ただし、買い集めには３デイルールを適用）、その低価格から今何％くらい上昇しているのかを常に注意深くチェックしなければならないのは言うまでもないが、最も重要なのは、天井に達するまでには何度も小さな上下動を繰り返すという点である。したがって、いつ天井に達するのかに注意しながら動きを追うことが大事である。何の予告もなく突然天井に達することも少なくない。天井に達する値動きを観察する場合、出来高にも注目する。天井に達するまでの２～３日間は出来高が増し、天井に達したあとの２～３日は出来高が激減する場合もあれば、天井に達する前の２～３日だけでなく、達したあとの２～３日間も依然として大商いの場合もある。

　出来高が減少するのは、その価格におけるさらなる激しい売りに耐えられずに下落するおそれがあるため、売り圧力が弱まるためである。天井を付けたあと、価格は天井と押しの底との間で行ったり来たりを繰り返し、市場全体の強さにもよるが、レンジ相場が何週間も、あるいは何カ月も続くのが普通である。このレンジ間で、あるいは市場全体が下落しているときは下落途中で、さらなる売り抜けが行われる。このように、個々の銘柄が次々と下落に転じ市場全体の上昇に歯止め

をかけるというこの現象はブルマーケットが終焉に近づきつつある証拠である。これほど大規模ではないにしても、同じような動きは中程度の下落の前にも発生する。これとは対照的に遅れて動き出した低位株は急速に上昇して天井を付けたあと下落したら二度と上昇することなく、そのまま下落し続ける。なぜなら、遅れて動き出した低位株はすでに下降トレンドに入っている市場全体に必死に追いつこうとするからである。

　前日よりも出来高が大幅に増加して突然天井に達し、その後依然として商いを伴いつつ高値から数％下落するのは、大量の売りに加え、一般投資家による買いと、インサイダーによる空売りが重なった結果である。空売りはおそらくは利食いを誘うような悪材料の発表を事前に知り得た結果であるか、もしくは売り抜けるのに十分高い価格水準であるという判断からだろう。理由はどうであれ、この値動きは、少なくとも今は価格を上昇させないことが狙いであることを示すものであり、あなたに売りを促す合図でもある。こういった状況下ではまだ売る余地は十分あるので、ここは含み益を実現利益に変える絶好のチャンスである。

　上げ相場における二次的な下落の底は天井を付けるときの動きとはちょうど逆になる。商いを伴って最初の底を付けたあと１〜２日間上昇して再び下落するが、このときは商いを伴わず動きは鈍く、最初の下落の底までは下げない（この一連の動きでは前の高値や安値を若干突破することもあるが、売りや買いを引き留めるほどのものではない）。このトレンドで空売りするトレーダーはこのビッグデイには十分な警戒が必要だ。ただし彼らが警戒しなければならないのはダウンサイドのみである。株価が天井に達したあとの底では、空売りされた株の買い戻し需要を満たすために株式は供給状態にあり、高値で買われた株式がこの底値で売られているからである。

　スイングトレードに用いる値動きも３デイトレーディング手法のそ

れとまったく同じである。ただ期間が長期化するだけである。下落局面では支持され、上昇局面ではプレッシャーを受けるのは大きな動きでも小さな動きでも同じである。

第15章

アドバイス

Pertinent Points

　株式や穀物をはじめとする商品の過去の上下動を見てみると、これまで本書で述べてきた目標値やその近辺が支持や供給水準になっていることが分かる。これは目標値がいかに重要なものであるかを示すものだ。テープで値動きを観察し、これらの目標値をしっかりとらえることが大切である。

　さて、本書を締めくくるに当たり、本章ではトレーディングに関する私からのアドバイスをまとめてみた。あなたのトレーディングにぜひとも役立てていただきたい。

●**つもり売買の勧め**　マーケットの「感触」をつかめるようになるまで、10日ほどつもり売買をしてみる。つもり売買で注意しなければならないのは、ありもしない非現実的な妄想にとりつかれないこと、そして、あのときああしていればこうなっていたのにと一喜一憂しながらマーケットが引けたあとで価格を読むようなこともしてはならない、ということである。つもり売買のやり方としては、ノートと鉛筆を持って実際にマーケットを見ながら、本書で述べてきた目標値で売買してみる。そして2～3週間、つもり売買したら記録をチェックしてみよう。この訓練はセルフコントロールを養い、衝動的な売買を控え、忍耐力を身につけ、買い目標や売り目標周辺で起

こり得る値動きを把握するのに役立つだろう。

●**シグナルが出る前に市場を先読みするのはやめよ**　市場がそのときに与えてくれる利益だけを確実に手にすることが大切だ。このトレンドはまだ続きそうだとか、価格はさらに上昇するはずとか、下落するはずといった自分の考えに惑わされてシグナルを受け入れないでそのままポジションを保持することはしてはならない。自分の思惑どおりになることもあるかもしれないし、確かにそうなることもあるだろう。しかし、プレーをするうえで重要なのは、市場が提供してくれるものを、提供してくれたそのときに受け取るということである。

●**目標値は最も近いものだけを見よ**　そのほかの目標値のことを考える必要はない。例えば、買い目標を探しているのであれば、その近辺における値動きのみに注目せよ。

●**自分のプレーに有利なトレードでなければしてはならない**　その日に自分に有利なトレード機会がひとつも見つからなかった場合、相場は上向くに違いないといった憶測で売買するよりも、その日のトレードはきっぱりとあきらめて、いつ売買すればよいのかを市場が明確に示してくれるまで待つことである。

●**最も効果的な練習法は図書館で商品や株式の過去のデータを取得し、そのデータを基に場帳を作成し、そこから動きが反復性を持っていることを認識すること**　場帳から日々の値動きが持つ一定のリズムをとらえる。それだけではない。価格は過去も現在も同じような動きをする。これも場帳が教えてくれる。

●**毎日の安値と終値をチェックせよ**　終値についてはどこでどのように引けたのかに注目する。その日の高値近くで引けたのか、安値近くで引けたのか。その理由は？　そしてそこから翌日の値動きを予想する。大きく上方に窓を空けて、または下方に窓を空けて寄り付いたとき、特に10ポイント以上、上方に窓を空けたり、下方に窓を空けて寄り付いたとき、それはトレードをする領域の天井や底になる可能性がある。その場合、寄り付き価格を突破する前後の水準が買い目標や売り目標になることが多い。

●**季節性を持った商品市場は上下動が大きく、目標値を大きく突破する**　このような銘柄ではタイミングよく利食いすれば大きな利益が確保できる。

●**いったんトレードを手仕舞いしたら、後ろは振り返るな**　最後の1/8までとらえ損なったとしても、売ったあとで価格がさらに上昇しても、買い戻したあとで価格がさらに下落しても、手仕舞ったトレードのことを気にしても始まらない。

●**重要な転換点――つまり、目標値――周辺の戦略をしっかり頭にたたきこみ、次のトレードを常に視野にいれてトレードすることが大切である**　トレードの目的とは、小さくても確実な利益を素早く得ることであることを忘れてはならない。これはフロアトレーダーの目的とまったく同じである。その時点で市場が与えてくれるものを受け取ることが重要だ。市場はこうなるはずという思い込みでポジションを保有し続けてはならない。市場が今行っている方向に従ってトレードすることが重要だ。デイトレードは機会が多すぎるため、気を抜く暇がない。デイトレードに少し疲れを感じたら、気分転換のつもりで一度、3デイトレーディング手法にトライしてみるのも

よいだろう。

●**場帳は穀物は5～6銘柄、株式は2～3銘柄作成し、それぞれの動きを研究せよ**　場帳を作成した穀物や株式のなかからトレード対象が1つ決まったら、その場帳だけか、最大で2つの場帳（1つは買い用、もう1つは空売り用）を持ってマーケットに臨む。穀物も株式もそれぞれに同じような動きをするため、最初のうちは混乱を避けるために観察対象は1つか2つに絞るのがよい。複数の場帳を作成すると、買い対象になるものもあれば、空売り対象になるものもあることに気づくはずだ。買い対象になるものは買い対象として観察し、空売り対象になるものは空売り対象として観察し続ける。これでは矛盾するのではないかと思うかもしれないが、そんなことはない。例えば、あるトレーダーが小麦、トウモロコシ、大豆のうちの2つの穀物を記録した場帳を持っているとしよう（株式についても2つの株式を記録した場帳を持っている）。1つは買い対象、もう1つは空売り対象である。ある日の寄り付き前に、まだ売買していなければ、買い対象と空売り対象の両方の銘柄について前日の価格をチェックし、それぞれに付したシグナルマークからその日のトレンドを予測するだろう。まず上方に窓を空けて寄り付くか、下方に窓を空けて寄り付くかを予測する。上方に窓を空けて寄り付いたら、空売り対象が空売りの日の目標値に達するのを待つ。つまり、売りの日の高値を上抜けるのを待つということである。売りの日の高値を上抜いたら、それをまず空売りする。穀物がこういった動きを見せた場合、買い対象である株式も同じような動きをするはずである。つまり、上昇するということである。一般に、買いの日に前に高値を付けたら、そこから下落するのが普通だ。したがって買い対象の株式はまだ買わずにしばらく動きを見守る。一方、下方に窓を空けて寄り付いた場合は、買い対象である株式が前に安値を付け

ることになるはずだから、まずは買い対象に注目する。

●買いの日では、売られたあと上昇することなくその日の安値で引けそうにないかぎり、前日の安値か、それを下回った時点で買え

●空売りの日が安値近くで引けた場合、翌日は「BU」になり、さらに下落することが多い

●目標値を前に付けるか後に付けるかは非常に重要である　素早く確実に利益を狙えるのは前に付けた目標値である。

●買いの日に後に安値を付けた場合、終値を見ることでそこからどれだけ上昇するかを予測することができる　フラットで引けた場合、翌日はバイオレーションが発生する確率が高い。バイオレーションが最初に発生した場合、そこで買えば利益を素早く確保することができる。

●買いの日に買った場合、その日の安値と終値との差が利益にならなければならない　買いの日が安値とほぼ同水準で引けた場合や、売りの日の寄り付きの時点で買いの日の含み益がすべて消失した場合は、買いの日の安値に向けて上昇し始めたら直ちに売る。

●買いの日の買い目標である買いの日の安値がどの辺りになるかは、空売りの日の高値から安値までのレンジから予測する

●空売りの日に空売りしたあと下落して高値と安値との差が非常に大きい場合、その日のうちに買い戻せ　例えば翌日の買いの日に安値の切り上げで買わなければならない場合でも、空売りの買い戻しで

得た利益でその分のコストは穴埋めできる。安値の切り上げは空売りの日の引け前に価格が上昇して、買いの日の安値が空売りの日の安値を上回った場合に発生する。安値の切り上げでの買いは利益になることが多い。

●**買いの日のローバイオレーションが発生した場合、その３デイスイングの高値を付けるのは次の買いの日である**　もし空売りの日で後に高値を付けそうな場合は空売りの日で売るのはやめて、買いの日に前に高値を付けたところで売ったほうが無難だ。ただし、買いの日で売った場合はその日のうちに買い戻すこと。買い戻すと同時に買うことも可能だが、まずは利益が出た時点で買い戻しだけを行い、買いは絶好のタイミングが来るまで待つ。こういった値動きは通常、上昇トレンドでのトレードで発生する。下降トレンドでは天井も底も徐々に下落していく。

●**買いの日の安値から引けまでにどれくらい上昇するかで売りの日の売り目標がどれくらい高くなるのか、あるいは低くなるのかが決まる**　ただし、買いの日の安値から上昇して高値近くで引けた場合はこのかぎりではなく、翌日の売りの日は下方に窓を空けて寄り付く可能性が高い。

●**売りの日の高値からの下落は前日の買いの日の安値を下回るほど下落することもある**　この場合、売りの日に前に高値を付けたあと下落して安値近くで引けたのであれば、空売りの日の売り目標はあまり高くはならない。

●**買いの日に安値まで下落したあと大きく上昇し、前日の空売りの日の高値を上回ったら、引け前に売れ**　前日の高値を超える水準はそ

の日の高値になることが多く、翌日の売りの日は下方に窓を空けて寄り付く可能性が高いからである。これは、空売りの日に大幅に下落し、その日に空売りしたものを同日に買い戻すのとちょうど逆である。いずれも、短時間のうちに利益を確定できるケースだ。このように簡単に利益を確定できるときは、すぐに利益を確定して損失を出さないようにするのがベストである。

● **下降トレンドでは売りの日の目標値も空売りの日の目標値も突破しないことが多い**　同時に、買いの日のローバイオレーションが発生する可能性も高い。

● **一般に、6列目の下落列である「D」の数字が小さいときは、7列目の上昇列である「R」の数字は大きく、逆に下落列である「D」の数字が大きいときは、上昇列である「R」の数字は小さい**　買いの日の安値が前日の空売りの日の高値よりも高い場合、下落列である「D」の数値はゼロになり、上昇が予想される。このときに仕掛ければ利益に結びつく。空売りの日の安値から上昇し、かつ買いの日が上方に窓を空けて寄り付けば下落列である「D」の数字はゼロになる。買いの日の安値から上昇することなく、かつ売りの日が下方に窓を空けて寄り付けば上昇列である「R」の数字はゼロになり、下落が予想される。上昇列である「R」の数字がゼロになったときには必ず買いの日のローバイオレーションが発生する。

● **一般に、1週間のうちにスイングは2回発生することが多い**　1つは上昇スイングで、もう1つが下降スイングである。弱気相場では、上昇スイングよりも下降スイングのほうが期間が長く、そのため売る目標の突破に失敗し、買いの日のローバイオレーションが発生する。

●3デイトレーディング手法では、買いの日に買い、空売りの日に売れ　買いの日のローバイオレーションが発生しなければ大きな利益が期待できるが、バイオレーションが発生すれば、利益は少なく、場合によっては損失を出すこともある。買いの日に買ったあとバイオレーションが発生したら、空売りの日まで保持し、空売りの日で売る。ただし、売り目標の突破に失敗するため大きな利益は期待できない。常に売り目標まで達しないわけではないが、一般に達しないことが多い。したがってこの場合は利益が出たところで売ることが重要だ。欲張って多くを望みすぎてはならない。

●3デイトレーディング手法は株式や商品の買い集めにも利用できるが、一度に目標株数や枚数をすべて買うのではなく、買いの日ごとに少しずつ増し玉することが重要だ　ただし、買いの日のローバイオレーションでは買わない。万一、買ってしまった（買いの日のローバイオレーションで買ったあと株価が上昇するも引け間際で再び売られ始めたと想定する）場合は、市場がその日の安値で引けそうであれば、引け前に最後に買った株数や枚数だけを売り、次の買いの日が来るのを待つ。買いの日のローバイオレーションで買ってはならない理由は、①買いの日のローバイオレーションは下降トレンドで発生する、②下降トレンドは株式や商品の買い集めには適さない──からである。

●売るときには、必ず売り日で売り、できれば、空売りの日か、買いの日に前に高値を付けたときに売るのが望ましい　その前の売りの日で買いの日のバイオレーションが発生していた場合、そのスイングの高値は次の買いの日で付けるのが普通だ。したがって売りは次の買いの日まで待ったほうがよい。この高値は後に付けることが多いため、買った株式を売る絶好の売りスポットになる。

● **商品は季節性を持っているため、今が上昇トレンドにあるのか下降トレンドにあるのか、また何月なのかにも注意することが重要だ**
　商品には価格が最も高くなる月と最も安くなる月があるからである。ときとして、オプションの満期前の数日間、市場の内部要因によって１日で大きく上下することがある。こういった場合は最初の機会で利食いする。使っている目標値に応じてとりあえずトレードを完結させる。そして市場には戻らず市場の外から市場を静観する。こういった上下動の最中は市場には近寄らないのが無難である。こういった動きでトレードすればちゃぶつきが生じやすく、けっして得策とは言えない。

● **売買するときに重要なのは、売買するときにいくら支払ったかではなく、正しい位置で仕掛けたかである**　　上昇トレンドではレンジが上昇していくなかで売り買いを行い、逆に、下降トレンドではレンジが下降していくなかで売り買いを行うことになる。

● **株式が買い集められているときには安値周辺でかなり長時間にわたって買いが続く**　　そして供給量がほぼさばけたら価格は少し上のレンジに移動してさらに買いが続く。それぞれのレンジでの買い集めが終わると株価は天井に向けて本格的に上昇し始め、天井に達したら今度は売り抜けが始まる。

● **一般にプロのトレーダーは安値で買い戻し、高値で売る**　　安値では株式は供給状態にあるため、彼らにとっては空売りした株式を買い戻す絶好の機会であり、また高値では株式は需要状態にあるため、彼らにとっては買った株の売りと空売りを行う絶好の機会になる。経験が浅いうちは、目標値でのみ売買するのがよい。つまりその価格がテープに現れたらすぐに注文を出す。売買スポットは寄り付き

またはその直後に現れることが多い。

●**チャートを使っているトレーダーは、この手法とチャートを併用することが有用であると思うのであればそうするのもよい**　「トウモロコシの茎が一夜の月の引力でどれだけ成長するか」を占星術や統計学を使って読み解くほど占星術や統計学に凝っているトレーダーは、マーケットメークするフロアの「ボーイ」たちがそういった理論を理解しているかどうか自問してもらいたい。おそらく彼らはこういった理論は理解していないし、気にもとめないだろう。しかしマーケットメークはどうやってやるのかや、マーケットの仕組みは理解しているし、新しい売買方法を創案するために睡眠時間を削るようなこともない。これはこの100年間ずっと変わっていない。

●**何らかのトレード手法やシステムを持っているトレーダーはその手法やシステムを信用できなければならない**　昔も今も市場は同じパターンで動いているということをその手法やシステムで確信することができるかどうか、ということである。この3デイトレーディング手法の魅力は、シンプルで、目標値で売買すれば利益が出るという点にある。したがって、できるだけ機械的にトレードすることが重要だ。統計学などを使って複雑に考える必要などまったくない。短期トレードにおいてトレーダーが気にすべきことは日々の値動き——つまり、買い目標と売り目標との差——だけである。

●**大豆はトレーディング銘柄として将来有望である**　大豆は用途が豊富であるうえ、少数派穀物だからである。データを過去にさかのぼって1948年、49年、50年の場帳を作成し、その変動幅を見ると驚くべき事実を発見するはずである。

●**本書ではすべての商品を取り上げて詳細に説明することはできないが、テープの動き、つまり市場における価格の上下動はどの商品でも同じである**　綿花でも、油脂でも、石油でも、テープ上で日々価格が変動する商品、価格が頻繁に変動する商品であればどの商品でも、場帳の記録方法もトレード方法も同じである。

参考資料

図A.1

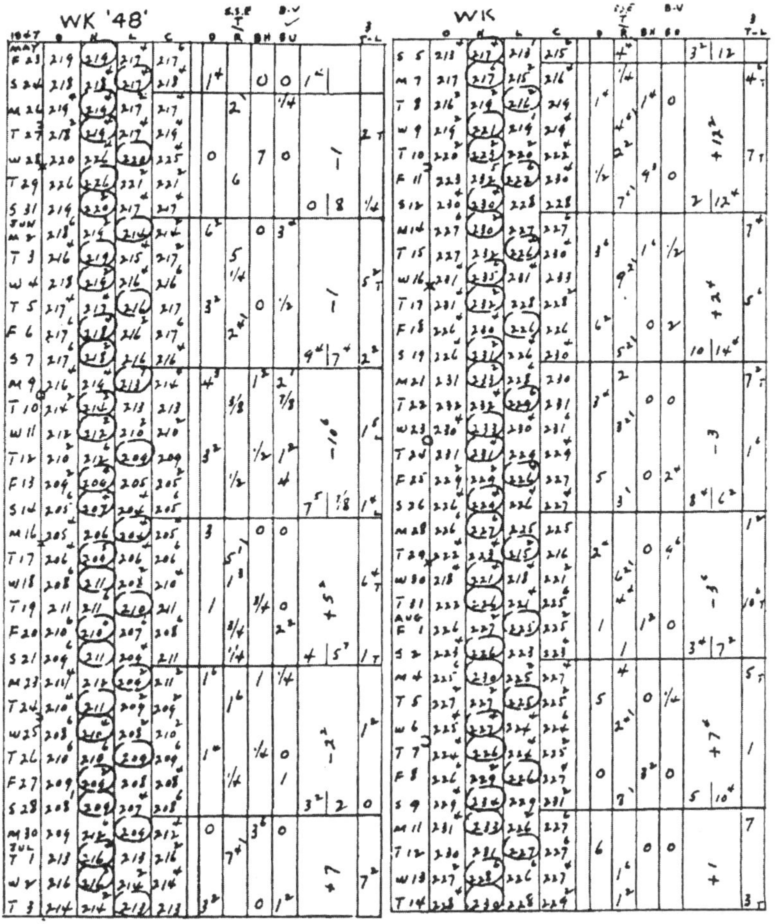

図A.2

図A.3

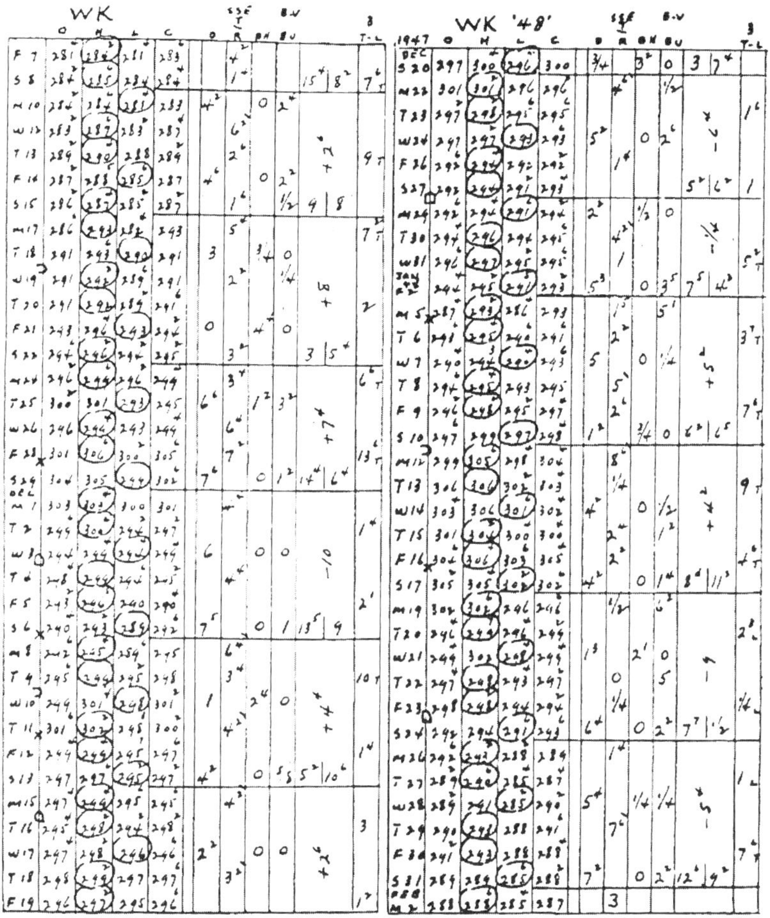

図A.4

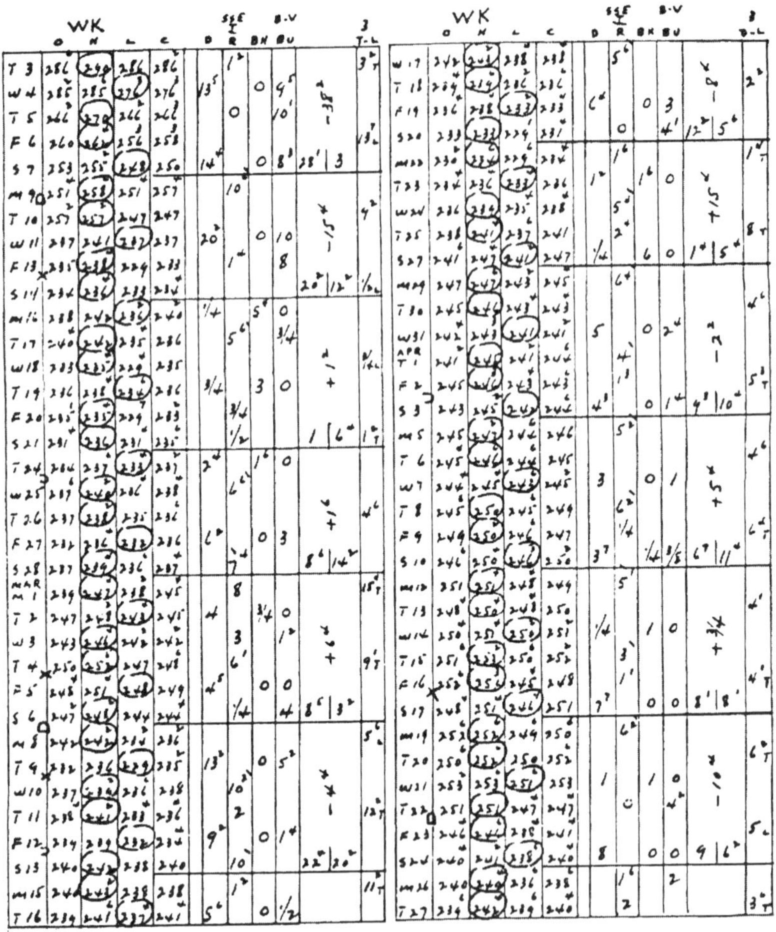

図A.5

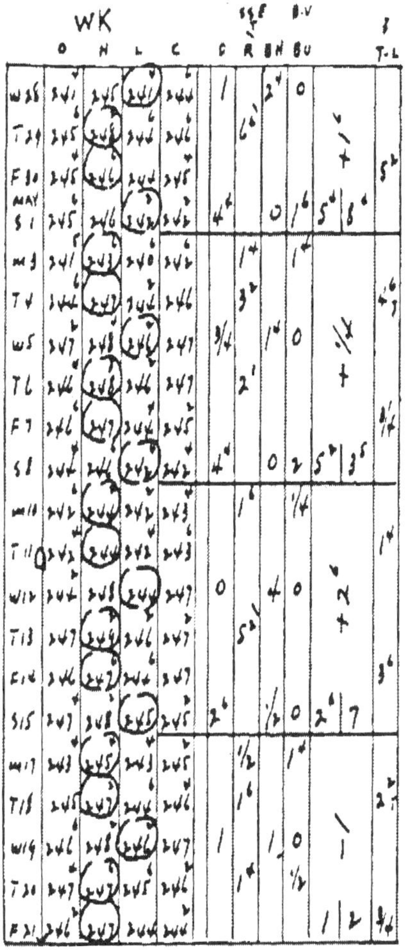

小麦1947～48年5月限（WK）の年間サマリー

終値（1947年5月23日）	217 3/4
終値（1948年5月21日）	244 1/4
長期ポジション（1年間の通算上昇幅）	26 1/2
上昇列と下落列の合計（変動幅の合計）	912 7/8

デイトレード
回数は長期ポジションのおよそ35倍

場帳トレード

下落数（買いの日の日数）	100
上昇数（売りの日の日数）	100
下落幅（空売り）	456
上昇幅（買いの手仕舞い売り）	456 7/8
スラッシュマークの発生数	55
SSEの発生数	50
BHの発生数	49
BUの発生数	49
BVの発生数	34

3デイスイングメソッド

3デイスイングの発生数	100
利益になったスイングの発生数	89
利益になったスイング（"T"）の発生数	54
損失になったスイングの発生数	11
利益になったスイングのトータル上昇幅	524 1/2
損失になったスイングのトータル下落幅	21
売りサイドにおける下落幅	456
買いサイドにおける正味上昇幅	503 1/2
売りサイドにおける下落幅	456
上昇幅と下落幅のトータル	959 1/2

注意＝買いの日で前に高値を付けたときに行った空売り後の下落幅は含まれない

図B.1

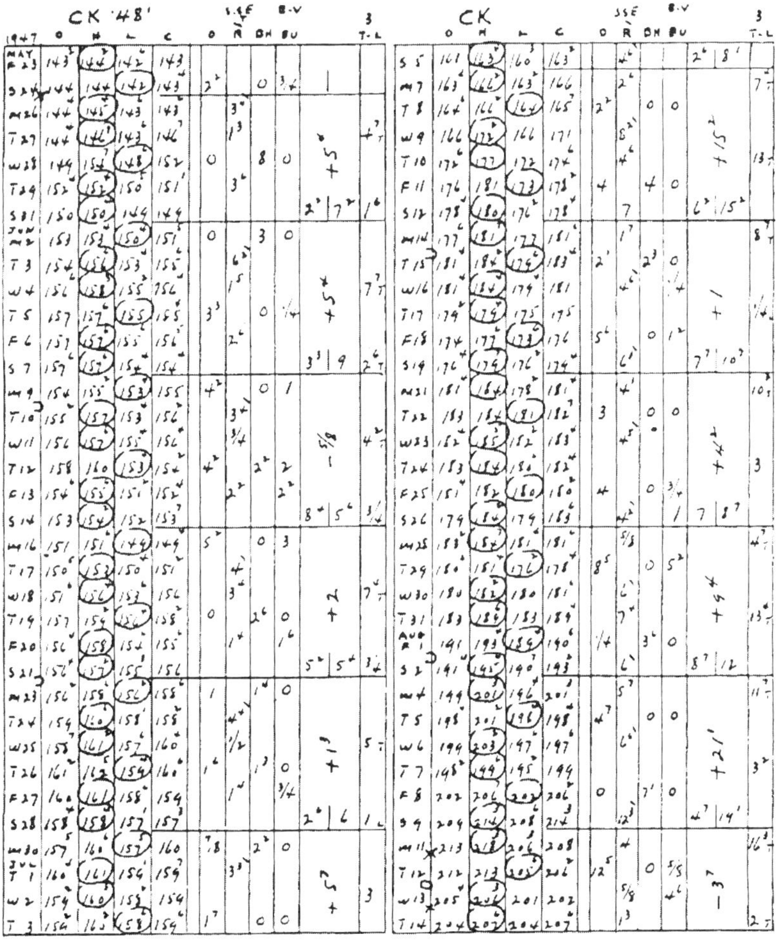

図B.2

図B.3

図B.4

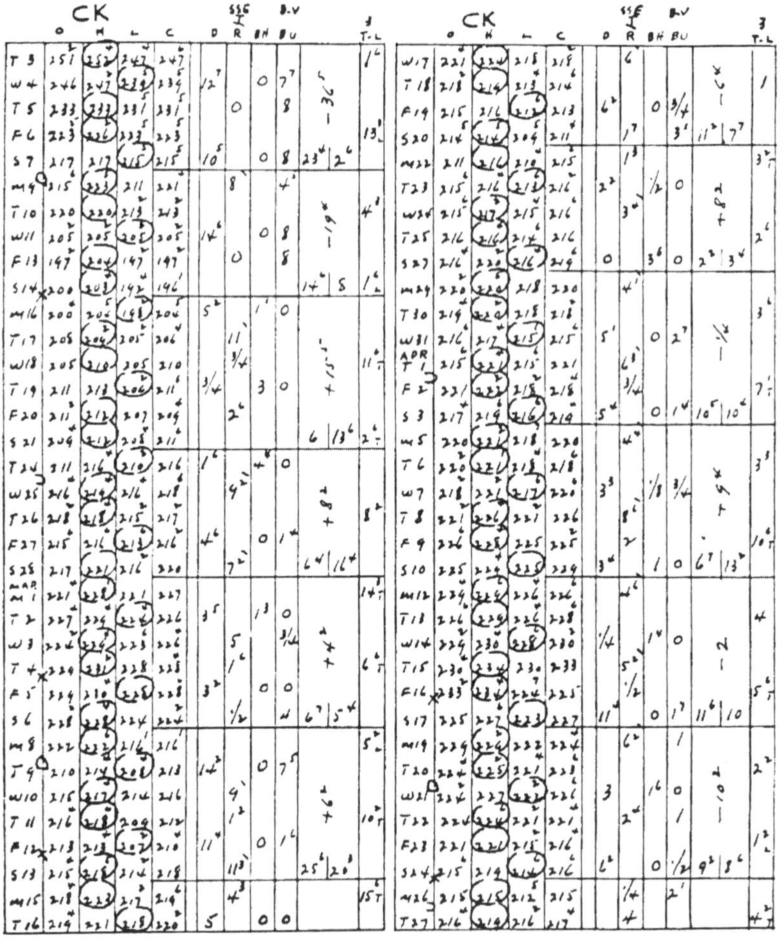

図B.5

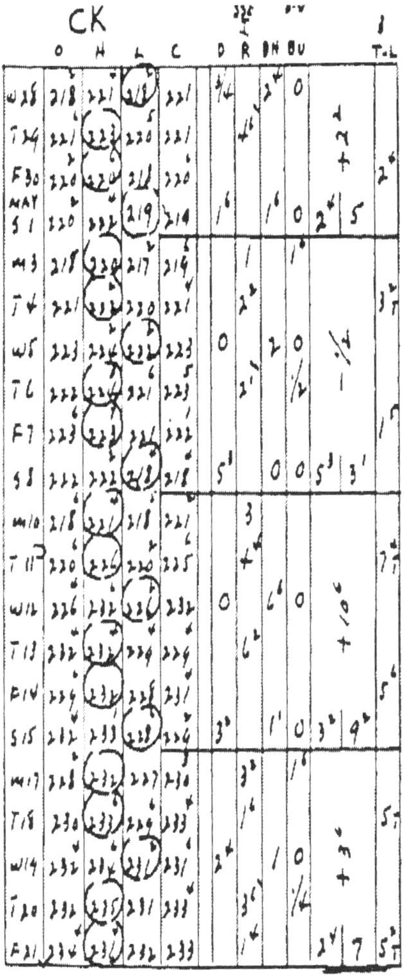

トウモロコシ1947〜48年5月限の年間サマリー

終値（1947年5月23日）	143
終値（1948年5月21日）	233
長期ポジション（1年間の通算上昇幅）	90
上昇列と下落列の合計（変動幅の合計）	898 5/8

デイトレード
回数は長期ポジションのおよそ10倍

場帳トレード

下落数（買いの日の日数）	100
上昇数（売りの日の日数）	100
下落幅（空売り）	416 5/8
上昇幅（買いの手仕舞い売り）	482
スラッシュマークの発生数	66
SSEの発生数	53
BHの発生数	50
BUの発生数	42
BVの発生数	39

3デイスイングメソッド

3デイスイングの発生数	100
利益になったスイングの発生数	88
利益になったスイング（"T"）の発生数	57
損失になったスイングの発生数	12
利益になったスイングのトータル上昇幅	567
損失になったスイングのトータル下落幅	36 1/4
売りサイドにおける下落幅	416 5/8
買いサイドにおける正味上昇幅	530 3/4
売りサイドにおける下落幅	416 5/8
上昇幅と下落幅のトータル	947 3/8

注意＝買いの日で前に高値を付けたときに行った空売り後の下落幅は含まれない

付録　『テイラーの３デイトレーディング手法』（改訂版）

以下はダウ鉄道株平均が８ポイント下落した日から開始した場帳の１ページを抜粋したものである。最初の10取引日の最安値（51 3/8）を付けた10月27日を買いの日としてスタートした。

図C.1

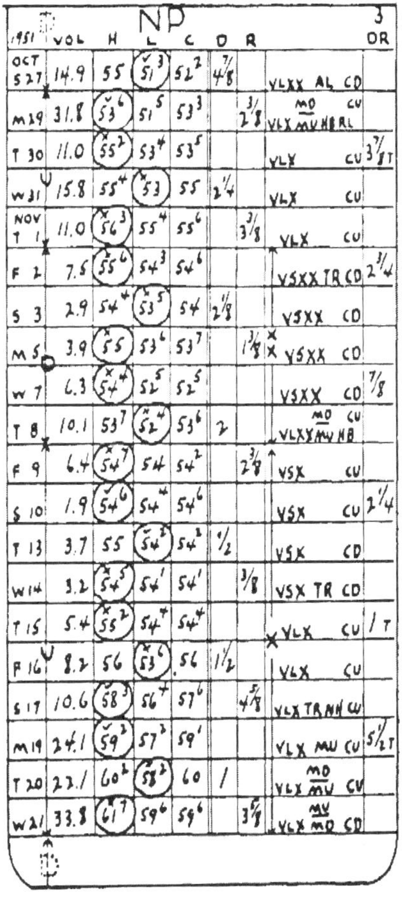

1951	VOL	H	L	C	D	R		DR
OCT S 27	14.9	55	51^3	52^2	4 7/8		VLXX AL CD	
M 29	31.8	53^6	51^5	53^3		2 3/8	VLX MU HB RL MD CU	
T 30	11.0	55^2	53^4	53^5			VLX CU	3 7/8 T
W 31	15.8	55^4	53	55	2 1/4		VLX CU	
NOV T 1	11.0	56^3	55^4	55^6		3 3/8	VLX CU	
F 2	7.6	55^6	54^3	54^6			VSXX TR CD	2 3/4
S 3	2.9	54^4	53^5	54	2 1/8		VSXX CD	
M 5	3.9	55	53^6	53^7		1 3/8	VSXX CD	
W 7	6.3	54^4	52^5	52^5			VSXX CD	7/8
T 8	10.1	53^7	52^4	53^6	2		VLXX MU HB MD CU	
F 9	6.4	54^7	54	54^2		2 3/8	VSX CU	
S 10	1.9	54^6	54^4	54^6			VSX CU	2 1/4
T 13	3.7	55	54^2	54^2	1/2		VSX CD	
W 14	3.2	54^5	54^1	54^1		3/8	VSX TR CD	
T 15	5.4	55^2	54^4	54^4			VLX CU	1 T
F 16	8.2	56	53^6	56	1 1/2		VLX CU	
S 17	10.6	58^3	56^4	57^6		4 5/8	VLX TR NH CU	
M 19	24.1	59^2	57^3	59^1			VLX MU CU	5 1/2 T
T 20	23.1	60^2	58^2	60	1		VLX MD MU CU	
W 21	33.8	61^7	59^6	59^6		3 5/8	VLX MU MD CD	

省略記号

CD	下げて引けるか、終値が前日の終値を下回る
CU	上げて引けるか、終値が前日の終値を上回る
NH	前のトレンドの高値を更新
NL	前のトレンドの安値を更新
HB	安値の切り上げ（支持線の切り上げ）か、前のトレンドの安値を上回る
MU	大量の支持買いによる上昇
MD	大量の売りによる下落
RH	リアルハイ（出来高は増加または減少）
AH	アクチュアルハイ（出来高は増加または減少）
RL	リアルロー（出来高は増加または減少）
AL	アクチュアルロー（出来高は増加または減少）
TR	トレンド転換（補助的ルール）
X	上昇トレンドでのトレード
XX	下降トレンドでのトレード
V	出来高（値動き、価格変動、ニュースなど、すべての要素を含んだ総合量を表す）で、前日の出来高より大きい場合はVL、小さい場合はVS
VLX	出来高が上昇局面で増加
VSX	出来高が上昇局面で減少
VLXX	出来高が下落局面で増加
VSXX	出来高が下落局面で減少

これらのシンボルを場帳に毎日記入することで、値動きの簡潔ながらも貴重な記録を得ることができる。出来高が異常に増加した個所は要注意である。これはトレンド転換が近いことを表している。MU/MDは、大量買いで高値まで上昇した直後に大量売りに転じたことを意味する。MD/MUは、大量売りで安値まで下落した直後に大量買いで上昇に転じたことを意味する。

　本書を読むときには、参照用としてこの図を常に手元に置いておくとよいだろう。

　場帳の長年にわたる記録が示すように、市場は今も昔も明確な１－２－３リズムで動いている。ただし、時折、１－２－３－４リズムになったり、１－２－３－４－５リズムになったりすることはある（それぞれの数字は日を表す）。例えば、１日目、２日目、３日目と上昇して、下落するといった１－２－３パターンを基本とするならば、４番目と５番目の数字は、上昇トレンドの場合はもう１日か２日上昇が続き、下降トレンドの場合はもう１日か２日下落が続くといったバリエーション（通常は市場の状態やニュースの発表によって発生するが、上昇または下降トレンドの最終局面で一気に上昇や下落することで発生することもある）を意味する。このようにトレンドが１～２日間延長することも時折あるが、市場のリズムは驚くほどの規則性を持つため、相場操作の手法は今も昔も変わらないように思われる。つまり、上昇トレンドでは３日目か４日目ごとに買って売り、下降トレンドでは３日目か４日目ごとに売って買うということである。

　アクティブトレーダーにとっては３日が１トレーディングサイクルになる。つまり、買い目標と売り目標前後の値動きに基づいて売買するということである。これに対して、長期型のトレーダーはトレンド転換点で発せられる市場からのサインを基にトレードする。これについてはのちほど説明する。

　市販されている14.5センチ×9.5センチの罫線入りノートに縦線を引

けば場帳の準備は完了だ。**図C.1**は実際のトレードを場帳に記録したものである。マーキングに注目しよう。

場帳の作成方法

まず見出しをつけ、最初の列の上に年を西暦で記入する。そして最初の列には、場帳を開始した月日と曜日を記入する。その右側の2列目には出来高（VOL）、3列目には高値（H）、4列目には安値（L）、5列目には終値（C）を記入する。

これらの数値を10日間にわたって毎日記入する。そしてこの間に付けた最安値を丸で囲み、この日を買いの日とする。

この最安値から時間を進めるかさかのぼりながら、3列目の「H」の数字を2つ丸で囲み、それぞれを第1の売りの日と第2の売りの日とする。買いの日の翌日が第1の売りの日、買いの日の前日が第2の売りの日である。

場帳はいつからスタートしてもよいが、常に上記の方法に従って記入する。つまり各行は、買いの日、第1の売りの日、第2の売りの日、そしてまた買いの日、第1の売りの日、第2の売りの日……といった順番である。

場帳のトレード日は常にこの順序で並ぶ。日曜・祝祭日はスキップし（空行を作らずに）、取引日を続けて記入する。つまり、市場を休みなく続く取引日の連続体とみなすわけである。

D（下落）列

この6列目には買いの日の前日（つまり第2の売りの日）の高値から買いの日の安値までの下落幅を記入する（**図C.1**の10月27～31日を参照）。下落していなければ、ゼロを記入する。

D列の数字がゼロになることはあまりないが、万一ゼロの場合は支持線水準が前日の安値より切り上がったことを示している。この場合、その翌日から価格は最低1日は上昇するのが一般的だ（**図C.3**の12月5日や**図C.4**の2月8日を参照）。

一般に、下落列の数字が大きいときは上昇列の数字は小さい（**図C.1**の10月27～29日、**図C.3**の12月8～10日、**図C.4**の2月5～6日を参照）。

R（上昇）列

7列目の数字は買いの日の安値から第1の売りの日の高値までの上昇幅を示すと同時に、D列に示した下落がどれだけ回復されたかを示す数字でもある（**図C.1**の10月29日や11月1日を参照）。上昇していなければ、ゼロを記入する。

R列の数字がゼロになることはあまりないが、万一ゼロの場合は支持線水準が前日の安値よりも切り下がったことを示している。この場合、その翌日から価格は最低1日は下落するのが一般的だ。

一般に、下落列の数字が小さいときは上昇列の数字は大きい（**図C.1**の11月16～17日、**図C.3**の12月5～6日、**図C.5**の3月27～28日を参照）。

（テープリーダーは買いの日の安値と第1の売りの日の高値をそれぞれ買い目標や売り目標に設定するため、彼らにとってD列とR列の数字は重要）。

3DR列（3日上昇列）

この9列目の数字は買いの日の安値から第2の売りの日の高値までの上昇幅を示している。

下降スイングの場合、つまり買いの日の安値よりも第2の売りの日の高値のほうが低かった場合、その下落幅を記入し、数値の横に「L」を添える（**図C.4**の1月31日と**図C.5**の4月2日を参照）。

　上昇スイングの場合は数値だけ記入する。また、第2の売りの日の高値が第1の売りの日の高値を上回った場合は、上昇幅の横に「T」を添える。前日の高値を上回る上昇は強い上昇であることが多く、上昇幅が比較的大きい場合は、その銘柄に対する人々の関心が高く出来高が多いことを示している。これは上昇トレンドが始まる合図か、上昇トレンドから下降トレンドに転換する合図である（**図C.2**の11月27日、**図C.4**の2月7日、および**図C.5**の3月29日を参照）。

　トレンドラインは日付列の縦のラインに沿って両方向の矢印で表示される（上昇トレンドは青色、下落トレンドは赤色）。トレンドラインはトレーディング領域のトレンド（マイナートレンド）を示しており、両矢印の位置にある数値がそのトレーディング領域の高値と安値である。トレードラインの矢印の間にある「U」はそのトレンドラインが上昇トレンドラインであることを意味し、「D」は下降トレンドラインであることを意味する。

　トレーディング領域、中期スイング、短期スイングの高値と安値周辺の値動きについてはこのあとで詳しく説明するが、ここで簡単に触れておくことにしよう。これらの位置での値動きは次に示す補助的法則（TRルール）に従うことが多く、一般にトレンドの転換点でよく見られる。特によく見られるのが高値や安値を更新した翌日である。

　補助的法則——価格が高値を更新し続けている状態、つまり、下落しても前の安値までは下がらず、次に上昇したときには前の高値を上回るといった状態（高値と安値の切り上げ）であれば、トレンドは上昇トレンドである。そして上昇しても前の高値は更新せず、下落すれば前の安値を下回るといった状態（高値と安値の切り下げ）になると、トレンドは下落に転じる（**図C.1**と**図C.2**の11月2、14、17、23日、

図**C.3**の12月3〜7日、図**C.4**の2月4〜11日、および図**C.5**の3月27〜31日を参照）。

　いかなるトレンドも直線的に延び続けることはなく、小さな上下動を伴いながら一定の方向に向かい、反転するときには前述の法則に従う。トレーダーはトレンドの転換を予測はするが、そのすべてを利用しようとはしない。長期トレードの場合は特にそうである。トレンドの転換が大きな動きの初期段階で発生すれば、一時的なものでしかないことを彼らは知っているからである。こういったマイナートレンドは全般にメジャートレンドとほぼ同じような特徴とパターンを持つが、メジャートレンドとは異なる部分もある。例えば、天井と底での出来高は増えるには増えるが、それまでよりも若干増える程度である。メジャートレンドの転換点で見られるような特徴——市場参加者の増加、その銘柄に対する大きな関心、急上昇や急下落、日々の値動きが大きい（3DRの数字を参照）、大商い——は、マイナートレンドの転換点では見られない。

　特にマイナートレンドがメジャートレンドとは反対の向きに動いたあとは、こういった特徴は現れにくい。例えば、メジャートレンドが上昇トレンドだとすると、マイナートレンドが下落トレンドで安値に達するまでの間は出来高は必ずしも増えるとは限らない。ただし、マイナートレンドが上昇トレンドになったあとは出来高は徐々に増えていく。こういった調整局面では価格レンジは前に付けた重要な高値と安値の間にあり、上昇・下落のいずれの向きに動くかは分からないが、メジャートレンド（この場合、上昇トレンド）の初期段階では大概はメジャートレンドと同じ向きに動く。こういった調整局面では、高値は更新しないが安値は更新し、前の下落トレンドで付けた安値に近づく。マイナートレンドは依然として下落トレンドではあるが、この安値が下にブレイクされないかぎり、メジャートレンドは上昇トレンドのままである。（図**C.1**の11月2〜8日から11月9〜21日の期間を参

照)。トレンドが転換するかどうかを見るときには、前の安値から何ポイントおよび何%上昇したか、メジャートレンドの前の高値や安値からトレンドはどれくらい継続したか、をチェックするとよいだろう。そして、市場から発せられるトレンド転換シグナルを見落とさないようにすることも大事だ。

メジャートレンドが長期に及んだ場合、市場は活性化し、大きな価格変動を伴いながら高値で推移し、出来高は大幅に増加し、おそらくは３日以上連続して高値を更新する。このときに「TR」ルールで売れば最後の1/8までは取ることができないだろうが、悔やむ必要はない（図C.5の３月27、28、29日および図C.3の12月４、５、６、７日を参照）。このあと激しく売られて価格が下落するからだ。これについてはのちほど説明する（場帳からはチャートを作成することができるし、作成すれば役には立つだろうが、場帳の表形式のほうが注意力を喚起するため、出来高、値動き、日々の動きを理解するうえでは優れている）。

3DR列にゼロやマイナスの数値が現れた場合、そのトレードは負けトレードであることを意味する。一貫性を保つために、第２の売りの日の高値から買いの日の安値まで下落することを予想して売った結果である（図C.5の３月31日の安値から４月２日の高値を参照）。

3DR列のゼロや「L」は下落トレンドで発生するのが普通だが、上昇トレンドで発生した場合、損失は１ポイントにも満たないことが多い。連続する100の３デイスイングを調査した結果、損失になったスイングが発生したのは100回のうち平均で12回であり、損失になったスイングによる損失は利益になったスイングの利益のおよそ３％にすぎなかった。

3DR列はその銘柄の値幅、つまりその株式の３デイスイングにおける値動きが十分に大きいかどうかを示すものである。ほかの銘柄についても調べてみるとよいだろう。

「×」マークと「V」マークはトレンド指標

「×」マークはトレード目標値の高値や安値を「前に」付けたことを意味し、「V」マークはトレード目標値の高値や安値を「後に」付けたことを意味する。

これらのマークは2トレード日の間で価格が取り得るトレンドを示しており、市場が引けたあとで買いの日や2つの売りの日の丸で囲まれた数値の丸のなかに付けられる。

アクティブトレード、つまりトレンドに沿って頻繁に売買する（買うときには市場の動く方向を敏感に感じ取り、天井で売るのが理想的）場合に最も重要なのは、トレンドの向きを見極めることである。

リアルトレンドとは買い日の安値と売り日の高値との間のトレンドを意味する。トレンドを見極めるうえで重要なのは、真のトレンドと、そのなかに頻繁に発生する小さな上下動とを見分けることである。例えば、その日50で安値を付け、53で高値を付けたあと、今価格が高値と安値の中間の51 3/4にあるとすると、価格はこのあとリアルトレンドに戻ろうとするため、トレンドの向きによって50か、53のほうに動く。こういった大きさがせいぜい1ポイント程度の小さな値動きはトレーダーを迷わせるかもしれないが、トレード目標の高値や安値に向かう価格の真の向きを変えることはない（知識のないトレーダーはこういったマイナートレンドで買い、運良く価格が上昇してリアルトレンドに戻ったところで売り、数ポイントの利益を得る。次も同じように行くと思って、再びマイナートレンドで売買する。ところが今度は損失を出してしまう。この損失は最近のトレードで得た利益だけでなく、トレード資産にも食い込む。こういったトレードが何回か続けば、損益バランスはマイナスになる）。

目標値を前に付けたときの例

　例えば、第2の売りの日の高値から下落し、買いの日では寄り付いて早々に安値を付けたあと上昇し始め、そのあとは終日高値と安値の間を行き来して、高値近くで引けたとしよう。このような場合、買いの日の丸のなかには「×」が記入される。これはこの日に前に安値を付けたことを意味する。この場合、引けの時点におけるトレンドは上昇トレンドと考えてよいだろう（図C.1の10月30〜31日を参照）。

　このような場合、翌日の第1の売りの日は上方に窓を空けて寄り付き、そのまま上昇して前日の高値を突破するのが普通だ。その後、下落してその日の安値を付け、再び上昇するが前の高値には達せず、その日は安値近くで引ける。このとき、売り目標を前に付けたので第1の売りの日の丸のなかには「×」が記入される。こういった場合、第1の売りの日を売り目標としていたのであれば、トレーダーは前日の買いの日の高値で、あるいはそれを上抜けた時点で売って市場から撤退する（図C.1の11月1日を参照）。

目標値を後に付けたときの例

　第2の売りの日の高値から下落して安値を付け、そこから上昇して引けたとする。そして、翌日の買いの日は上方に窓を空けて寄り付き、前に高値を付け、そのあとは終日にわたって下げ続け、安値近くで引けたとする。この場合、買い目標を後に付けたので、買いの日の丸のなかには「∨」マークが記入される。引けの時点におけるトレンドは下落トレンドである（図C.5の4月2、3、4日を参照）。

　買いの日に前に安値を付けたあと上昇し、その日の高値近くで引けたとしよう。この場合、引けの時点におけるトレンドは上昇トレンドと考えてよいだろう。こういう場合でもときとして翌日は下方に窓を

空けるか前日の終値で寄り付くこともある。これはひとつには寄り付き前に売りが集中的に行われ、買い注文を上回ったことによる。話を元に戻そう。寄り付き後、価格がそのままの水準で推移するか若干売られてから上昇してその日の高値を付けたとすると、第1の売りの日の丸のなかには「v」マークが記入される。これは高値を後に付けたことを意味する。この場合、トレーダーはこの高値が前日の高値を突破した時点で売る。あるいは突破する前に売る（**図C.5**の3月27～28日を参照）。

買い目標や売り目標を前に付けた場合、素早く売買してトレードを完了させられるが、後に付けた場合はそこに到達するまでに時間がかかるため、トレードを完了させるためには1日中価格をモニターしなければならない。

3デイサイクルのすべての高値や安値を規定のパターンどおりに付け、しかも目標値を突破した場合のトレードは簡単だが、ときとして目標値である高値や安値を規定のパターンどおりに付けず、しかも目標値も突破せず、場帳に「×」マークと「v」マークが混在する場合もある。これはメジャートレンドの流れを邪魔する小さな上下動によるものである。こういった小さな上下動が発生するとサイクルはずれる。トレーダーはマーケットメークすることができない（マーケットメークできるのは「スペシャリスト」）ため、彼らはマーケットメークの結果に従うしかなく、したがって取引所のフロアでスペシャリストたちがいつ、どこで売買するのかを必死に考えなければならない。

買いの日の例

買いの日では、上方に窓を空けて寄り付き、そのまま上昇して前に高値を付けたのか、あるいは下方に窓を空けて寄り付き、そのまま下落して前に安値を付けたのかを見る。上方に窓を空けて寄り付き、前

に高値を付けた場合、ここから売られて上昇することが予想されるため、まだ買ってはならない。テープリーダーはこういった「急上昇」局面では買わない。なぜなら、これは一時的な上昇にすぎず、おそらくは前の買いの日の安値や、その下から続く上昇の3日目か4日目に当たることを知っているからである。逆に、下方に窓を空けて寄り付いた場合は、前日の高値と下方への窓空けからの下落によって付けた安値との差と、この安値が前日の安値を下回っているかどうかを見る。また6列目の「D」の数字をチェックし、この下落がどの程度の下落なのか——平均的な下落なのか、大きな下落なのか——を判断する。下落幅が大きいとき、それはトレンド転換のサインであることが多い。

　下落幅が平均的である場合、前日、つまり第2の売りの日の安値のやや上か下で下げ止まる。「買いスポット」は市場の動きが鈍り、売買も少なくなるこの安値辺りになる。ときとして、この安値から価格が「急に跳ね上がる」こともある。このときはすぐに急落して安値を付け、そのあと急激に上昇してから再びゆっくりと下落するが、このときは前の安値までは下げない。通常は、この安値から徐々に上昇し始める。安値は更新せずに徐々に上昇していく。こういった安値からはその後の上昇が期待されるため、リアルトレンドは上昇トレンドと考えてよい。

　前日の高値から大きく下落した場合、そのあとはほとんど上昇することなく下落の勢いはそのまま買いの日へと持ち込まれ、買いの日は安値やその近辺で引ける。これを「フラット」で引けるという。これは今後さらに下落することを意味し、ほとんどの場合、利益には結びつかない（ただし、デイトレーダーの場合はごくたまに後に付けた安値で買って利益が出ることもある）。こういった場合は次の買いの日を待ったほうがよい。いかなるトレードも自分の「プレー」にとって有利なトレードでなければすべきではない（ただし、3デイトレーダーにはこれは当てはまらない。買ったあと上下動があろうと目標値に

達するまで持ち続け、損益にかかわらず第2の売りの日の高値で売る、というのが3デイトレーダーのやり方)。

売りの日の例

　買いの日に前に安値を付けたあと上昇し、その日の高値近くで引けた場合、翌日は買いの日の高値を上抜いて上方に窓を空けて寄り付くことが予想される。第1の売りの日を売り目標にしている場合は、第2の売りの日にこの高値を上回った時点で成り行きで売る（**図C.1**の10月31から11月1日を参照）。

　売り日（第1の売りの日または第2の売りの日）に売り目標を上抜いたあとすぐに売った場合、得られたであろう利益の一部を取り損なうことになるので売るタイミングにはくれぐれも注意が必要だ。上昇トレンドでのトレーディング領域では「天井」をブレイクしたあとは徐々に上昇するため、売り目標の高値をわずかしか突破しないこともあれば、大幅に突破することもあるからである。これを読み解くためのヒントが場帳にある。売り目標の高値を突破したあとの上昇の勢いや、「D」に小さな数字が来たあとの上昇の勢いを、場帳に記録された過去のデータを基に判断するのである。

　買いの日が高値で引け、翌日が大幅な上方への窓空けで寄り付いた場合は、寄り付きと同時に、つまりテープの数字が変わる前に、成り行きで売る。売ったあと価格はさらに上昇するかもしれないが、そんなことは気にする必要はない。こういった場合は寄り付き価格がその日の高値になることも多く、その場合、そこから下落するのが普通で、いったん下落し始めればそれは下落トレンドの始まりである（寄り付きで売れば利益を確定できるし、おそらくは上昇の大部分はとらえられるはずである。**図C.1**の11月20～21日を参照）。

　買いの日が高値で引けたあと、翌日、下方への窓空けや前日の終値

で寄り付いた場合は利益の一部はすでに失われているわけだから、テープに次の売買が流れるのを待たずにすぐに成り行きで売る（**図C.3**の12月5〜6日を参照。この場合、67で前に安値を付け、70 1/2で後に高値を付けている。また**図C.5**の3月27〜28日も参照。この場合、寄り付きで前日の終値と同じ88 7/8で前に安値を付け、94 1/4で後に高値を付けている）。12月5日と3月27日は日中の上昇幅が大きい。こういった場合、ベテラントレーダーは引け前に売るが、ベテラン以外のトレーダーは翌日上方に窓を空けて寄り付いて天井で売れることを期待して、翌日の寄り付き前に売り注文を入れる。こういった値動きでは、翌日は下方への窓空けかフラットで寄り付いたあと上昇して、そのまま上昇し続けることが多い。

　しかし、大きな上方への窓空けかフラットで寄り付くこともなくはない。この場合、寄り付き価格を見た直後の素早い行動が成否を決める。次の売買が上昇した場合、すぐに売り注文を入れれば上昇トレンドで執行されるため、引け前に売った場合よりも利益は増える。逆に次の売買が下落の場合でも、「本格的な売りが始まる前」、おそらくは下落トレンドが始まると同時に売れるため、含み益はわずかに減るだけである（この時点で何もしないトレーダーは多い。寄り付き後に上昇し始めれば、どこまで上昇するか見たがり、寄り付き後に下落し始めれば、上昇するのを待って「手仕舞い」しようと思うからである。いずれにしても彼らの期待どおりに事が進むことはなく、損失を拡大させるのが関の山である）。

　価格が買いの日の安値から第2の売りの日の高値まで動く間、何千という売買結果がテープに流れる。3デイトレーディング手法を使っているトレーダーはテープに流れる動きに関心があるのはもちろんだが、彼らが特に注目するのは買いの日の安値と第2の売りの日の高値の前後の動きである（これは機械的な手法ではあるが、過去の記録が示すとおり、儲かる手法であり、この手法にしたがってトレードすれ

ば最終的には損益バランスはプラスになる。しかし、ビッグマネーはビッグスイングから生み出されるという考え方を持つアクティブトレーダーにはこの手法は向かないかもしれない)。

　解説には北太平洋鉄道（NP）を例に取り上げたが、これはその値動きがアクティブトレード、中期トレード、短期トレードを説明するのに最も適していたからである。図に示した場帳は高値や安値を付ける前後数日間の動きのみを抜粋したものである。メジャートレンドやマイナートレンドは常に変わる。全価格データは公共図書館に行けば新聞のバックナンバーから入手できるので、そのデータを場帳に補充すれば完璧な場帳を作成することができる。

　長期にわたる場帳を作成すれば1週間といった具合に長期のスイングを把握することも可能であり、それらのスイングの天井や底でどれくらいの強さの抵抗やサポートが発生したかもチェックできる。長期データで場帳を作成してみれば、結局は長期スイングでも短期スイングでも値動きの特徴はほとんど変わらないということに気づくはずである。

　以下の図はトレードの一例を示すために掲載したものであり、必ずしもこうやらなければならないわけではないことに注意しよう。自分がトレードする銘柄は自分で選ばなければならないが、トレード候補になっている銘柄の場帳を作成すれば、自分の目的にかなう銘柄が多数見つかるはずである。

　これらの図は11月16日からの値動きを示したものだが、各図はこの間の動きの各天井を中心としてその前後の動きの部分を抜粋したものである（本書を読むときには、参照用としてこの図を常に手元に置いておくとよいだろう）。

図C.2　10月27日の安値51 3/8から11月21日の高値61 7/8

1951	VOL	H	L	C	D	R			3 DR
NOV F16	8.2	56	(53⁶)	56	1½		× VLX	CU	
S17	10.6	(58³)	56⁴	57⁶		4⅝	VLXTR NH	CU	
M19	24.1	(59²)	57²	59¹			VLX MU	CU	5⁷/27
T20	22.1	60²	(58²)	60	1		VLX MO/MV	CU	
W21	33.8	(61⁷)	59⁶	59⁶		3⅝	VLX MV/MD	CD	
F23	23.5	(59⁷)	57⁵	58²			VLXX TR MDCD		1⁵/8
S24	5.3	57⁶	(56⁶)	56⁶		3⅞	VSXX	CD	
M26	9.8	(58⁷)	56⁶	58⁵		2⅛	VLXX MO/MV	CU	
T27	13.1	(60¹)	58⁵	59⁷			VLX	CU	3²/8T
W28	13.8	61²	(58³)	58³	1¾		VLX	CD	

図C.3　11月26日の安値56 3/4から12月6日の高値70 1/2

1951	VOL	H	L	C	D	R			3 DR
NOV T29	9.4	(61)	59¹	61		2⅝	VSX	CU	
F30	37.7	(63³)	61⁷	63²			VLX MU NN CU		5 T
DEC S1	4.7	63⁵	(63¹)	63¹	¼		VSX	CD	
M3	8.3	(63¹)	61⁶	62		0	VLX TR	CD	
T4	17.4	(64⁴)	62³	64⁴			VLX MU CU		⅜/?
W5	36.2	68⁴	(64⁵)	68⁴		0	VLX MU CU		
T6	51.0	(70⁴)	67	69⁷		5¾	VLX RX AH MD MU CU		
F7	47.8	(70²)	66²	66⁵			VLXX TR MD CO		5⅝
S8	11.8	68²	(66⁷)	68²	3⅜		VSXX	CU	
M10	11.2	(68⁷)	67³	68		2	VSXX	CD	

182

図C.4　12月6日の高値70 1/2から2月5日の安値59

1952	VOL	H	L	C	D	R			3 DR
JAN T 31	12.1	62²	60⁵	61⁴			VLXX	CD	3/4
FEB F 1	7.4	61⁶	61	61¹	1¼		VSXX	CD	
S 2	1.1	62	61²	61⁵		1	VSXX	CU	
M 4	8.6	61⁷	60	60¹			VLXX TR	CD	7/8
T 5	14.1	60²	59	59³	2⅞		VLXX AL	CD	
W 6	8.6	60⁵	59³	59³		1⅝	VSX	CD	
T 7	18.0	63¹	60²	62⁵			VLX RL NB	CU	4⅖
F 8	37.0	66	63⁴	65²	0		VLX	CU	
S 9	3.5	65³	64⁶	65		1⅞	VSXX	CD	
M 11	10.5	64⁷	64³	64⁶			VLXX TR	CD	1⅜

図C.5　2月5日の安値59から3月29日の高値94 3/8

1952	VOL	H	L	C	D	R			3/8 DR
MAR T25	5.3	83²	81⁶	81⁶		1	VSX	CD	
W26	4.3	82⁷	81⁴	82			VSX	CU	5/8
T27	33.7	89	82⁴	88⁷	3/8		VLX TR MU CU		
F28	34.1	94²	88⁷	92¹		11 1/4	VLX MU RH CU		
S29	11.7	94³	92⁷	93⁶			VSX AN	CU	11 7/8 T
M31	14.5	93⁶	91⁵	92⁴	2 3/4		VLXX TR	CD	
APR T1	19.0	93²	88⁵	89⁴		1 5/8	VLXX	CD	
W2	10.5	90⁶	88³	89⁶			VLXX	CU	7/8 L
T3	5.2	92⁷	90¹	91	5/8		VSXX	CU	
F4	10.7	91	88⁵	89		7/8	VLXX	CD	

トレンドトレーダー

　投機家も中期・短期トレンドトレーダーも買いの日を利用して（買いの日周辺の値動きを観察しながら）株を買ったり買い増したりするコツを心得ている。彼らは下落し切った辺りを狙って買い、天井では絶対に買わない。こうして資金の無駄な目減りを防ぐのである。売買に当たっては、彼らはまず今のマーケットの状態（ブルマーケットかベアマーケットか）を見極め、自分が売買しようとしている株式の価格水準が市場全体の価格水準と比べてどうなのかをチェックする。

　買うときには、目標株数を一度にすべて買うのは賢明なやり方ではない。例えば、トータルで100株か、500株以上買おうと思っているとすると、その目標株数に応じて、まずは25株や50株（ちょうど良い数に丸める）買う、といった具合だ。最初の目標株数を買ったら、次の買いの日を待って次の目標株数を買う。こうして最終的な目標株数に達するまで買い続ける。この方法は一度にまとめて買うより平均コストは高くつくが、それぞれの買い注文で利益が出る確率は高く、自分の方向感が正しかったことを確認することもできる。比較的安い価格帯で買い始め、市場が上昇トレンドにあった場合、こういった買い方であれば、市場全体が突然下落してもそれほど大きな損失を被ることはない。

　売るときには、売ることをあらかじめ決めておいた日には危険信号（のちほど説明）に注意するとともに、第1や第2の売りの日を売り目標にする。

　トレーディングテクニックとは一言で言えば、研究、観察、経験を通じて、市場で絶えず発生している相場操作を見抜き、値動きの各段階で市場から発せられるシグナルを読み取る能力である。投機において最も重要なのは、その銘柄の市場全体に対する市場の内部要因が強いか弱いか、グループ内のほかの銘柄と比べて強いか弱いか、そして

ニュースにおける注目度（本書執筆時点におけるニュースメディアはエレクトロニクス）である。これはたとえ配当支払いの発表や決算発表以前であっても同様である。

スイングトレーダーやセミプロの投資家にとって、最大の関心事は株価の上昇である。したがって銘柄の選択が最も重要になる。市場を牽引する企業は保守的な企業が多いため、トレード利益はポイントではなくパーセンテージ（割合）で見積もるほうがよい。過去のデータを少し調べてみれば、トレード対象として考えている銘柄の多くは自分のトレーディングスタイルに合わないことが分かるはずである。その銘柄の1年間に発生するスイングの高値と安値を調べ、上昇スイングと下落スイングでは平均的に何％くらい上昇（安値から高値までの値幅）または下落（高値から安値までの値幅）するのかをチェックする。平均株価の上下動が大きいときでも、各銘柄の上下動は絶望的なくらい小さいこともある。

株式を低価格——ベアマーケットの底やブルマーケットにおける二次的な下落の底——で買った場合（ただし、買い集めには3デイルールを適用）、その低価格から今何％くらい上昇しているのかを常に注意深くチェックしなければならないのは言うまでもないが、最も重要なのは、天井に達するまでには何度も小さな上下動を繰り返すという点である。したがって、いつ天井に達するのかに注意しながら動きを追うことが大事である。何の予告もなく突然天井に達することも少なくない。天井に達する値動きを観察する場合、出来高にも注目する。天井に達するまでの2～3日間は出来高が増し、天井に達したあとの2～3日は出来高が激減する場合もあれば、天井に達する前の2～3日だけでなく、達したあとの2～3日間も依然として大商いの場合もある。

出来高が減少するのは、その価格におけるさらなる激しい売りに耐えられずに下落するおそれがあるため、売り圧力が弱まるためである。

天井を付けたあと、価格は天井と押しの底との間で行ったり来たりを繰り返し、市場全体の強さにもよるが、レンジ相場が何週間も、あるいは何カ月も続くのが普通である。このレンジ間で、あるいは市場全体が下落しているときは下落途中で、さらなる売り抜けが行われる。このように、個々の銘柄が次々と下落に転じ市場全体の上昇に歯止めをかけるというこの現象はブルマーケットが終焉に近づきつつある証拠である。これほど大規模ではないにしても、同じような動きは中程度の下落の前にも発生する。これとは対照的に遅れて動き出した低位株は急速に上昇して天井を付けたあと下落したら二度と上昇することなく、そのまま下落し続ける。なぜなら、遅れて動き出した低位株はすでに下降トレンドに入っている市場全体に必死に追いつこうとするからである。

　前日よりも出来高が大幅に増加して突然天井に達し、その後依然として商いを伴いつつ高値から数％下落するのは、大量の売りに加え、一般投資家による買いと、インサイダーによる空売りが重なった結果である。空売りはおそらくは利食いを誘うような悪材料の発表を事前に知り得た結果であるか、もしくは売り抜けるのに十分高い価格水準であるという判断からだろう。理由はどうであれ、この値動きは、少なくとも今は価格を上昇させないことが狙いであることを示すものであり、あなたに売りを促す合図でもある。こういった状況下ではまだ売る余地は十分あるので、ここは含み益を実現利益に変える絶好のチャンスである。

　上げ相場における二次的な下落の底は天井を付けるときの動きとはちょうど逆になる。商いを伴って最初の底を付けたあと１～２日間上昇して再び下落するが、このときは商いを伴わず動きは鈍く、最初の下落の底までは下げない（この一連の動きでは前の高値や安値を若干突破することもあるが、売りや買いを引き留めるほどのものではない）。このトレンドで空売りするトレーダーはこのビッグデイには十

分な警戒が必要だ。ただし彼らが警戒しなければならないのはダウンサイドのみである。株価が天井に達したあとの底では、空売りされた株の買い戻し需要を満たすために株式は供給状態にあり、高値で買われた株式がこの底値で売られているからである。

スイングトレードに用いる値動きも３デイトレーディング手法のそれとまったく同じである。ただ期間が長期化するだけである。下落局面では支持され、上昇局面ではプレッシャーを受けるのは大きな動きでも小さな動きでも同じである。

銘柄選択に当たっては、その会社の過去の業績と将来性を示すレポートを入手するのが最もよい。しかしその会社の株価の動きがレポートの内容に一致しなければ、その銘柄は無視したほうがよい。つまり、株価は見てもよいが買ってはならない。買う時期は、市場のテクニカルな性質と、現在株価のその年の高値や安値との関係に基づいて決定する。例えば、今ほぼ天井（おそらくは一時的な高値）で売られているので、少し待てばかなり安く買えるだろう、といった具合だ。ブルマーケットといえども１年のうちに何度かは調整によって大きく下落するのが一般的で、そのときが買いの絶好のチャンスである。ただし、買うタイミングを外さないことが重要だ。市場全体の下落に伴って個々の銘柄が下落するのは大した問題ではない。重要なのはどのように上昇するかであり、トレーダーは上昇し始めたときに備えて準備が必要である。

トレーダーが買いポイントとして注目すべき水準は、高値を付けたあと大きく下落して底を付けたときである。株価が底から上昇するためには大量に買われなければならず、その上昇を維持するためには継続して買われなければならない（良い銘柄でもトレード対象としての魅力やスポンサーシップに欠けているなどの理由で動きが鈍く、そのためにアクティブトレーダーの目を引かないものも多い）。

将来性のある銘柄は投資対象として魅力的だが、「材料が出て」か

ら買ったのでは遅すぎる。材料が出たときにはもう売り対象になっているからである。

　買うときにはその銘柄の動きに注意することが重要である。まず、その銘柄の底での動きや、明確な水平トレンド（狭いレンジ相場）が形成されて商いを伴って活発に売買されているときの動きに注意する。このあと動きと出来高に異変が見えたら、上方にブレイクする合図である。レンジを上方にブレイクしたらすかさず買いを入れる。ただし、この時点では目標数の一部のみ買い、反落しないかどうかを見る。反落しなければブレイクはダマシではなく、自分の判断は正しかったわけだから高値を次々と更新し始めたら目標数まで買い増ししていく。このように分割買いをするのは、時として一度上方にブレイクしても反転してレンジを下方にブレイクすることもあるからである（この種の動きが発生するとレンジの底の下に置かれたストップが次々とヒットするため、本物の動きが始まる前にダマシに引っかかった者は振り落とされてしまう）。こうして買った株はその動きの間中持ち続ける。保有期間は3カ月から6カ月と長期間にわたることもある。あるいは天井を付けてから反転するまで持ち続ける。

　株式や商品にはレンジ相場以外から上昇し始めるものもある。例えば、長期にわたって徐々に下落し続けたあと急落していきなり安値を付けたかと思うと、突然急上昇して、そのあと再びゆっくりと下落する。ただし、このときは商いはかなり縮小し前に付けた安値までは下げない。こういった急落局面では買わず、そのあと上昇し再びゆっくり下落して動きが鈍るのを待つ。そして動きが鈍くなった時点で目標株数や枚数の一部を買う（ここで買った分は安値を更新するようなことがあればすぐに売る）。そして、高値を次々と更新し始めたら増し玉していく。安値を更新したために手仕舞い売りを余儀なくされた場合は、更新された安値からやり直す（底を狙うのは、底を付けたあと上昇し始めると平均で10％以上上昇することが多いからである）。

出来高が非常に少ないために動きが鈍く、ときおり商いがまったくない日もあるといった、きわめて薄商いの銘柄は人々が無関心であることを示している。こういった銘柄は人々の関心が戻って活発に取引されるようになるまで買いは控える。こういった動きを発見したら、その会社のレポートをチェックして原因を調べる必要がある。商いの伴わないような株を継続して買うのはムリである（同様の動きは、上場間もない商品市場でも一時的な現象として見られる）。

　ベテラントレーダーでテープを読む人は、本物の上昇とトレンド転換を価格の戻りから判断することができる。下落幅の２分の１から３分の２戻せば本物の上昇である。まだ下げ止まっていなければ、上昇しても前の高値まで上昇することはない。これは売りが買いに先行している状態である。こういった場合は、出来高は少なく、動きは鈍く、天井辺りで上昇は止まる。上昇トレンドが続くのであれば、出来高も需要もコンスタントに増加し、買い戻しのための需要が切迫すれば、上昇の勢いはさらに加速する。この場合は買いが多くなるため高い価格で買われる一方、売りは減少する（この動きは日々の小さな動きや長期にわたる大きな動き、さらには平均株価のなかにも見られる）。

　株式の多くは天井を２つ持つ――リアルトップ（Real Top）とアクチュアルトップ（Actual Top）。リアルトップとは長期にわたって上昇したあと最初に大量に売られた高値である。そして大量の売りによって１週間以上下落したあと、リアルトップまで上昇するときと同様の商いを伴って上昇し、多くの場合は最初に付けた高値（リアルトップ）を上回る。このときの高値がアクチュアルトップである。トレーダーはリアルトップでインサイダーによる売りを察知したらすぐに売り始められるように常に相場を監視していなければならない（ここで重要なのは、買う人がいるうちに売る、ということである。保有株数が大きいときには特にそうである）。ベテラントレーダーは（実際に達するかどうか分からない）アクチュアルトップは待たずにリア

トップに達した時点で利食いする。ときとして、リアルトップとアクチュアルトップが一致する場合もある。この場合、株価は高値を更新するため、一般トレーダーは非常に強気になり、そのまま持ち続けるか新たに仕掛けるが、大概は高値をつかまされる（これこそまさに彼らに期待されていることなのである）。

　リアルトップを付けるときの値動きを見てみると、長期にわたって徐々に上昇してきたあと、1日か数日間、躍進的な伸びを見せ、最後にそれまでと比べて異常なほどの大商いを伴って一気に急上昇してリアルトップに達する。高値を付けるとさらなる買いに抵抗し、需給バランスが取れた状態になる。売買は依然として活発だが、どちらかの方向に動くことはない。この時点における激しい売りは一時的にはやむが、「情報通」の売り手は損失を出さずに市場の吸収能力を超えてもなお放出し続ける。彼らのこの行為によって相場は下落し、日中の商いは激減する。この下落の底近くに達すると、1日かそこら出来高が目立って増加する——売られた株をすべて吸収し、市場を反転させるためには大量の買いが行われなければならない。最も大量の支持の買いが行われるのがこのリアルボトム（Real Bottom）である。その後、短期間だけやや上昇するか、連続的に上昇したあと売られ、リアルボトムを下回って再び底を付ける。このときの底がアクチュアルボトム（Actual Bottom）で、このアクチュアルボトムから再び上昇する（一般に、高値の更新は人々を強気にさせ、買いを誘発する。一方、安値を更新すると人々は弱気になるため底で売るか、少なくとも買いは控える）。

　リアルボトムではトレーダーはのちの上昇を見込んで、あるいは前よりもさらに上昇してアクチュアルトップまで達することを想定して、最小売買単位だけ購入する（わずかな売買量ではあるが、アクチュアルトップを更新したらその時点で、またはそれを上抜いた時点で直ちに売ること。やや上昇したあと再び反落して前の支持線を下抜くこと

もあるからだ)。

　トップに達したことがはっきり分かる株式とは違って、ただひとつのトップに達するには達するが、商いは伴わず、トップに達したことがはっきりとは分からない株式もある。そしてそのうちに下落が始まる。この下落は長期にわたる。上下動を繰り返しながらも方向としては明らかに下落する方向に動いていく。こういった動きにおける天井は認識しづらい(ただし、認識できればの話だが)。トレーダーはこういった株式についてはその特徴をよく理解しておく必要がある。将来のスイングを予測する際の手掛かりとして、少なくとも過去のスイングにおける上昇と下落のパーセンテージは調べておく必要はあるだろう。そして、過去のデータと同じかそれ以上に上昇した場合には、その価格に満足して売るべきである。こういった株式の場合、適切な期間内に高値を更新しないときには売るべきである。同市場のほかの銘柄の天井付近の動きが重い場合はなおさらである(市場のこういった多様な動きを認識できれば、この多様性は市場全体の内部要因が弱まったことを確認するためのツールとして利用できる)。

　実は古くからある市場の原理に基づいて正しく売買しようとするトレーダーにとっては、こういった「新しい発見」や統計学に基づくそのほかの退屈な市場指数などはほとんど必要ではない。

■著者紹介
ジョージ・ダグラス・テイラー(George Douglass Taylor)
1950年代に活躍した穀物を中心とした伝説のフロアトレーダー。「買いの日」「売りの日」「空売りの日」の3日をひとつのサイクルとする「3デイトレーディング手法」を開発した。この手法は、「マーケットの魔術師」のひとりであるリンダ・ブラッドフォード・ラシュキやジョージ・エンジェルなどをはじめ、多くのウィザードやトレーダーに大きな影響を及ぼし、彼らの戦略や戦術の開発に貢献した。

■監修者紹介
長尾慎太郎(ながお・しんたろう)
東京大学工学部原子力工学科卒。日米の銀行、投資顧問会社、ヘッジファンドなどを経て、現在は大手運用会社勤務。訳書に『魔術師リンダ・ラリーの短期売買入門』『タートルズの秘密』『新マーケットの魔術師』『マーケットの魔術師【株式編】』『デマークのチャート分析テクニック』(いずれもパンローリング、共訳)、監修に『ワイルダーのテクニカル分析入門』『ゲイリー・スミスの短期売買入門』『ロスフックトレーディング』『間違いだらけの投資法選び』『私は株で200万ドル儲けた』『バーンスタインのデイトレード入門』『究極のトレーディングガイド』『投資苑2』『投資苑2 Q&A』『ワイルダーのアダムセオリー』『マーケットのテクニカル秘録』『マーケットのテクニカル百科　入門編・実践編』『市場間分析入門』『投資家のためのリスクマネジメント』『投資家のためのマネーマネジメント』『アペル流テクニカル売買のコツ』『高勝率トレード学のススメ』『スペランデオのトレード実践講座』『株は6パターンで勝つ』『フルタイムトレーダー完全マニュアル』『投資苑3』『投資苑3　スタディガイド』『投資家のための投資信託入門』『バーンスタインのトレーダー入門』『マーケットの魔術師【オーストラリア編】』『株価指数先物必勝システム』『トレーディングエッジ入門』『ターナーの短期売買革命』(いずれもパンローリング)など、多数。

■訳者紹介
山下恵美子(やました・えみこ)
電気通信大学・電子工学科卒。エレクトロニクス専門商社で社内翻訳スタッフとして勤務したあと、現在はフリーランスで特許翻訳、ノンフィクションを中心に翻訳活動を展開中。主な訳書に『EXCELとVBAで学ぶ先端ファイナンスの世界』『リスクバジェッティングのためのVaR』『ロケット工学投資法』『投資家のためのマネーマネジメント』『高勝率トレード学のススメ』『勝利の売買システム』『フルタイムトレーダー完全マニュアル』『新版　魔術師たちの心理学』(以上、パンローリング)、『FORBEGINNERSシリーズ90　数学』(現代書館)、『ゲーム開発のための数学・物理学入門』(ソフトバンク・パブリッシング)がある。

2008年9月4日　初版第1刷発行

ウィザードブックシリーズ ⑭1

テイラーの場帳トレーダー入門
──3日サイクルと「買いの日」「売りの日」「空売りの日」の売買技術

著　者	ジョージ・D・テイラー
監修者	長尾慎太郎
訳　者	山下恵美子
発行者	後藤康徳
発行所	パンローリング株式会社
	〒160-0023　東京都新宿区西新宿 7-9-18-6F
	TEL 03-5386-7391　FAX 03-5386-7393
	http://www.panrolling.com/
	E-mail　info@panrolling.com
編　集	エフ・ジー・アイ（Factory of Gnomic Three Monkeys Investment）合資会社
装　丁	パンローリング装丁室
組　版	パンローリング制作室
印刷・製本	株式会社シナノ

ISBN978-4-7759-7108-6

落丁・乱丁本はお取り替えします。
また、本書の全部、または一部を複写・複製・転訳載、および磁気・光記録媒体に
入力することなどは、著作権法上の例外を除き禁じられています。

本文　©Emiko Yamashita／図表　© Panrolling　2008 Printed in Japan

トレード基礎理論の決定版!!

定価 本体 5,800円＋税　ISBN:9784939103285

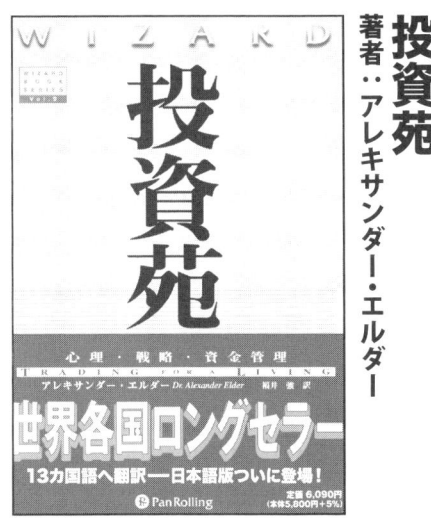

【トレーダーの心技体とは？】
それは3つのM「Mind=心理」「Method=手法」「Money=資金管理」であると、著者のエルダー医学博士は説く。そして「ちょうど三脚のように、どのMも欠かすことはできない」と強調する。本書は、その3つのMをバランス良く、やさしく解説したトレード基本書の決定版だ。世界13カ国で翻訳され、各国で超ロングセラーを記録し続けるトレーダーを志望する者は必読の書である。

定価 本体 5,800円＋税　ISBN:9784775970171

【心技体をさらに極めるための応用書】
「優れたトレーダーになるために必要な時間と費用は？」「トレードすべき市場とその儲けは？」「トレードのルールと方法、資金の分割法は？」──『投資苑』の読者にさらに知識を広げてもらおうと、エルダー博士が自身のトレーディングルームを開放。自らの手法を惜しげもなく公開している。世界に絶賛された「3段式売買システム」の威力を堪能してほしい。

ウィザードブックシリーズ50
投資苑がわかる203問
著者：アレキサンダー・エルダー　定価 本体2,800円＋税　ISBN：9784775970119

分かった「つもり」の知識では知恵に昇華しない。テクニカルトレーダーとしての成功に欠かせない3つのM（心理・手法・資金管理）の能力をこの問題集で鍛えよう。何回もトライし、正解率を向上させることで、トレーダーとしての成長を自覚できるはずだ。

投資苑2 Q&A
著者：アレキサンダー・エルダー　定価 本体2,800円＋税　ISBN：9784775970188

『投資苑2』は数日で読める。しかし、同書で紹介した手法や技法のツボを習得するには、実際の売買で何回も試す必要があるだろう。そこで、この問題集が役に立つ。あらかじめ洞察を深めておけば、いたずらに資金を浪費することを避けられるからだ。

バリュー株投資の真髄!!

ウィザードブックシリーズ 4
バフェットからの手紙
著者：ローレンス・A・カニンガム

定価 本体1,600円+税　ISBN:9784939103216

【世界が理想とする投資家のすべて】
「ラリー・カニンガムは、私たちの哲学を体系化するという素晴らしい仕事を成し遂げてくれました。本書は、これまで私について書かれたすべての本のなかで最も優れています。もし私が読むべき一冊の本を選ぶとしたら、迷うことなく本書を選びます」
————ウォーレン・バフェット

ウィザードブックシリーズ 87・88
新 賢明なる投資家
著者：ベンジャミン・グレアム ジェイソン・ツバイク

定価（各）本体3,800円+税　ISBN:(上)9784775970492
(下)9748775970508

【割安株の見つけ方とバリュー投資を成功させる方法】
古典的名著に新たな注解が加わり、グレアムの時代を超えた英知が今日の市場に再びよみがえる！　グレアムがその「バリュー投資」哲学を明らかにした『賢明なる投資家』は、1949年に初版が出版されて以来、株式投資のバイブルとなっている。

ウィザードブックシリーズ 10
賢明なる投資家
著者：ベンジャミン・グレアム
定価(各) 本体3,800円+税
ISBN:9784939103292

ウォーレン・バフェットが師と仰ぎ、尊敬したベンジャミン・グレアムが残した「バリュー投資」の最高傑作！　「魅力のない二流企業株」や「割安株」の見つけ方を伝授する。

ウィザードブックシリーズ 116
麗しのバフェット銘柄
著者：メアリー・バフェット、デビッド・クラーク
定価 本体1,800円+税
ISBN:9784775970829

なぜバフェットは世界屈指の大富豪になるまで株で成功したのか？　本書は氏のバリュー投資術「選別的逆張り法」を徹底解剖したバフェット学の「解体新書」である。

ウィザードブックシリーズ 44
証券分析【1934年版】
著者：ベンジャミン・グレアム、デビッド・L・ドッド
定価 本体9,800円+税
ISBN:9784775970058

グレアムの名声をウォール街で不動かつ不滅なものとした一大傑作。ここで展開されている割安な株式や債券のすぐれた発掘法は、今も多くの投資家たちが実践して結果を残している。

ウィザードブックシリーズ 125
アラビアのバフェット
著者：リズ・カーン
定価 本体1,890円+税
ISBN:9784775970928

バフェットがリスペクトする米以外で最も成功した投資家、アルワリード本の決定版！　この1冊でアルワリードのすべてがわかる！　3万ドルを230億ドルにした「伸びる企業への投資」の極意

マーケットの魔術師 ウィリアム・オニールの本と関連書

ウィザードブックシリーズ 12
成長株発掘法
著者：ウィリアム・オニール

定価 本体2,800円＋税　ISBN:9784939103339

【究極のグロース株選別法】
米国屈指の大投資家ウィリアム・オニールが開発した銘柄スクリーニング法「CAN-SLIM（キャンスリム）」は、過去40年間の大成長銘柄に共通する7つの要素を頭文字でとったもの。オニールの手法を実践して成功を収めた投資家は数多く、詳細を記した本書は全米で100万部を突破した。

ウィザードブックシリーズ 71
相場師養成講座
著者：ウィリアム・オニール

定価 本体2,800円＋税　ISBN:9784775970331

【進化するCAN-SLIM】
CAN-SLIMの威力を最大限に発揮させる5つの方法を伝授。00年に米国でネットバブルが崩壊したとき、オニールの手法は投資家の支持を失うどころか、逆に人気を高めた。その理由は全米投資家協会が「98～03年にCAN-SLIMが最も優れた成績を残した」と発表したことからも明らかだ。

ウィザードブックシリーズ 93
オニールの空売り練習帖
著者：ウィリアム・オニール、ギル・モラレス
定価 本体2,800円＋税　ISBN:9784775970577

氏いわく「売る能力もなく買うのは、攻撃だけで防御がないフットボールチームのようなものだ」。指値の設定からタイミングの決定まで、効果的な空売り戦略を明快にアドバイス。

【DVDブック】大化けする成長株を発掘する方法
著者：鈴木一之　定価 本体3,800円＋税
DVD1枚 83分収録　ISBN:9784775961285

今も世界中の投資家から絶大な支持を得ているウィリアム・オニールの魅力を日本を代表する株式アナリストが紹介。日本株のスクリーニングにどう当てはめるかについても言及する。

ウィザードブックシリーズ 19
マーケットの魔術師
著者：ジャック・D・シュワッガー
定価 本体2,800円＋税
ISBN:9784939103407
オーディオブックも絶賛発売中!!

トレーダー・投資家は、そのとき、その成長過程で、さまざまな悩みや問題意識を抱えているもの。本書はその答えの糸口を「常に」提示してくれる「トレーダーのバイブル」だ。

ウィザードブックシリーズ 49
私は株で200万ドル儲けた
著者：ニコラス・ダーバス　訳者：長尾慎太郎, 飯田恒夫
定価 本体2,200円＋税　ISBN:9784775970102

1960年の初版は、わずか8週間で20万部が売れたという伝説の書。絶望の淵に落とされた個人投資家が最終的に大成功を収めたのは、不屈の闘志と「ボックス理論」にあった。

マーケットの魔術師シリーズ

ウィザードブックシリーズ19
マーケットの魔術師
著者：ジャック・D・シュワッガー
定価 本体2,800円+税　ISBN:9784939103407

【いつ読んでも発見がある】
トレーダー・投資家は、そのとき、その成長過程で、さまざまな悩みや問題意識を抱えているもの。本書はその答えの糸口を「常に」提示してくれる「トレーダーのバイブル」だ。「本書を読まずして、投資をすることなかれ」とは世界的トレーダーたちが口をそろえて言う「投資業界の常識」だ！

ウィザードブックシリーズ13
新マーケットの魔術師
著者：ジャック・D・シュワッガー
定価 本体2,800円+税　ISBN:9784939103346

【世にこれほどすごいヤツらがいるのか!!】
株式、先物、為替、オプション、それぞれの市場で勝ち続けている魔術師たちが、成功の秘訣を語る。またトレード・投資の本質である「心理」をはじめ、勝者の条件について鋭い分析がなされている。関心のあるトレーダー・投資家から読み始めてかまわない。自分のスタイルづくりに役立ててほしい。

ウィザードブックシリーズ14
マーケットの魔術師 株式編《増補版》
著者：ジャック・D・シュワッガー
定価 本体2,800円+税　ISBN:9784775970232

投資家待望のシリーズ第三弾、フォローアップインタビューを加えて新登場!!　90年代の米株の上げ相場でとてつもないリターンをたたき出した新世代の「魔術師＝ウィザード」たち。彼らは、その後の下落局面でも、その称号にふさわしい成果を残しているのだろうか？

◎アート・コリンズ著 マーケットの魔術師シリーズ

ウィザードブックシリーズ90
マーケットの魔術師 システムトレーダー編
著者：アート・コリンズ
定価 本体2,800円+税　ISBN:9784775970522

システムトレードで市場に勝っている職人たちが明かす機械的売買のすべて。相場分析から発見した優位性を最大限に発揮するため、どのようなシステムを構築しているのだろうか？ 14人の傑出したトレーダーたちから、システムトレードに対する正しい姿勢を学ぼう！

ウィザードブックシリーズ111
マーケットの魔術師 大損失編
著者：アート・コリンズ
定価 本体2,800円+税　ISBN:9784775970775

スーパートレーダーたちはいかにして危機を脱したか？　局地的な損失はトレーダーならだれでも経験する不可避なもの。また人間のすることである以上、ミスはつきものだ。35人のスーパートレーダーたちは、窮地に立ったときどのように取り組み、対処したのだろうか？

トレーディングシステムで機械的売買!!

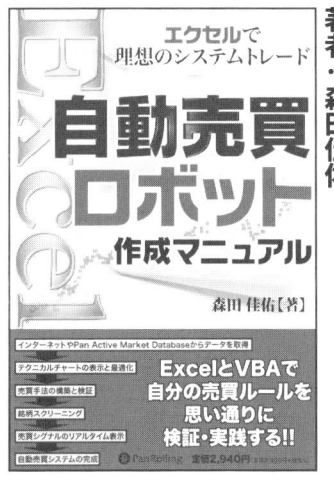

自動売買ロボット作成マニュアル
エクセルで理想のシステムトレード
著者：森田佳佑

定価 本体 2,800円＋税　ISBN:9784775990391

【パソコンのエクセルでシステム売買】
エクセルには「VBA」というプログラミング言語が搭載されている。さまざまな作業を自動化したり、ソフトウェア自体に機能を追加したりできる強力なツールだ。このVBAを活用してデータ取得やチャート描画、戦略設計、検証、売買シグナルを自動化してしまおう、というのが本書の方針である。

売買システム入門
ウィザードブックシリーズ 11
著者：トゥーシャー・シャンデ

定価 本体 7,800円＋税　ISBN:9784939103315

【システム構築の基本的流れが分かる】
世界的に高名なシステム開発者であるトゥーシャー・シャンデ博士が「現実的」な売買システムを構築するための有効なアプローチを的確に指南。システムの検証方法、資金管理、陥りやすい問題点と対処法を具体的に解説する。基本概念から実際の運用まで網羅したシステム売買の教科書。

現代の錬金術師シリーズ
自動売買ロボット作成マニュアル初級編
エクセルでシステムトレードの第一歩
著者：森田佳佑
定価 本体 2,000円＋税　ISBN:9784775990513

操作手順と確認問題を収録したCD-ROM付き。エクセル超初心者の投資家でも、売買システムの構築に有効なエクセルの操作方法と自動処理の方法がよく分かる!!

トレードステーション入門
やさしい売買プログラミング
著者：西村貴郁
定価 本体 2,800円＋税　ISBN:9784775990452

売買ソフトの定番「トレードステーション」。そのプログラミング言語の基本と可能性を紹介。チャート分析も売買戦略のデータ検証・最適化も売買シグナル表示もできるようになる！

ウィザードブックシリーズ 54
究極のトレーディングガイド
全米一の投資システム分析家が明かす「儲かるシステム」
著者：ジョン・R・ヒル／ジョージ・プルート／ランディ・ヒル
定価 本体 4,800円＋税　ISBN:9784775970157

売買システム分析の大家が、エリオット波動、値動きの各種パターン、資金管理といった、曖昧になりがちな理論を適切なルールで表現し、安定した売買システムにする方法を大公開！

ウィザードブックシリーズ 42
トレーディングシステム入門
仕掛ける前が勝負の分かれ目
著者：トーマス・ストリズマン
定価 本体 5,800円＋税　ISBN:9784775970034

売買タイミングと資金管理の融合を売買システムで実現。システムを発展させるために有効な運用成績の評価ポイントと工夫のコツが惜しみなく著された画期的な書！

心の鍛錬はトレード成功への大きなカギ!

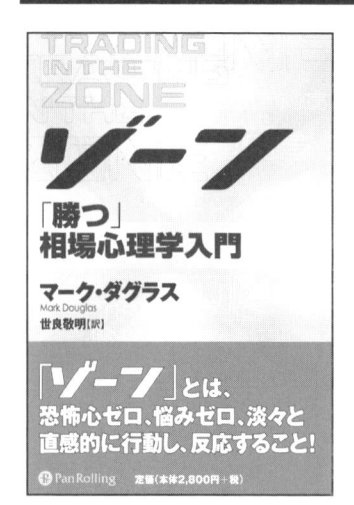

ゾーン 相場心理学入門
ウィザードブックシリーズ 32
著者:マーク・ダグラス

定価 本体2,800円+税　ISBN:9784939103575

【己を知れば百戦危うからず】
恐怖心ゼロ、悩みゼロで、結果は気にせず、淡々と直感的に行動し、反応し、ただその瞬間に「するだけ」の境地、つまり「ゾーン」に達した者こそが勝つ投資家になる! さて、その方法とは? 世界中のトレード業界で一大センセーションを巻き起こした相場心理の名作が究極の相場心理を伝授する!

規律とトレーダー 相場心理分析入門
ウィザードブックシリーズ 114
著者:マーク・ダグラス

定価 本体2,800円+税　ISBN:9784775970805

【トレーダーとしての成功に不可欠】
「仏作って魂入れず」——どんなに努力して素晴らしい売買戦略をつくり上げても、心のあり方が「なっていなければ」成功は難しいだろう。つまり、心の世界をコントロールできるトレーダーこそ、相場の世界で勝者となれるのだ! 『ゾーン』愛読者の熱心なリクエストにお応えして急遽刊行!

トレーダーの心理学
トレーディングコーチが伝授する達人への道
ウィザードブックシリーズ 107
著者:アリ・キエフ
定価 本体2,800円+税　ISBN:9784775970737

高名な心理学者でもあるアリ・キエフ博士がトップトレーダーの心理的な法則と戦略を検証。トレーダーが自らの潜在能力を引き出し、目標を達成させるアプローチを紹介する。

NLPトレーディング
投資心理を鍛える究極トレーニング
ウィザードブックシリーズ 124
著者:エイドリアン・ラリス・トグライ
定価 本体3,200円+税　ISBN:9784775970904

NLPは「神経言語プログラミング」の略。この最先端の心理学を利用して勝者の思考術をモデル化し、トレーダーとして成功を極めるために必要な「自己管理能力」を高めようというのが本書の趣旨である。

トレーダーの精神分析
自分を理解し、自分だけのエッジを見つけた者だけが成功できる
ウィザードブックシリーズ 126
著者:ブレット・N・スティーンバーガー
定価 本体2,800円+税　ISBN:9784775970911

トレードとはパフォーマンスを競うスポーツのようなものである。トレーダーは自分の強み(エッジ)を見つけ、生かさなければならない。そのために求められるのが「強靭な精神力」なのだ。

相場で負けたときに読む本 ～真理編～
著者:山口祐介
定価 本体1,500円+税　ISBN:9784775990469

なぜ勝者は「負けても」勝っているのか? なぜ敗者は「勝っても」負けているのか? 10年以上勝ち続けてきた現役トレーダーが相場の"真理"を詩的に表現。

※投資心理といえば『投資苑』も必見!!

日本のウィザードが語る株式トレードの奥義

生涯現役の株式トレード技術
著者：優利加

定価 本体 2,800円+税　ISBN:9784775990285

【ブルベア大賞2006-2007受賞!!】
生涯現役で有終の美を飾りたいと思うのであれば「自分の不動の型＝決まりごと」を作る必要がある。本書では、その「型」を具体化した「戦略＝銘柄の選び方」「戦術＝仕掛け・手仕舞いの型」「戦闘法＝建玉の仕方」をどのようにして決定するか、著者の経験に基づいて詳細に解説されている。

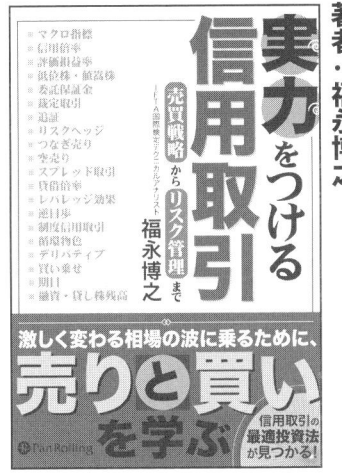

実力をつける信用取引 売買戦略からリスク管理まで
著者：福永博之

定価 本体 2,800円+税　ISBN:9784775990445

【転ばぬ先の杖】
「あなたがビギナーから脱皮したいと考えている投資家なら、信用取引を上手く活用できるようになるべきでしょう」と、筆者は語る。投資手法の選択肢が広がるので、投資で勝つ確率が高くなるからだ。「正しい考え方」から「具体的テクニック」までが紹介された信用取引の実践に最適な参考書だ。

生涯現役の株式トレード技術【生涯現役のための海図編】
著者：優利加
定価 本体 5,800円+税　ISBN:9784775990612

数パーセントから5％（多くても10％ぐらい）の利益を、1週間から2週間以内に着実に取りながら"生涯現役"を貫き通す。そのためにすべきこと、決まっていますか？　そのためにすべきこと、わかりますか？

DVD 生涯現役のトレード技術【銘柄選択の型と検証法編】
講師：優利加　定価 本体 3,800円+税
DVD1枚 95分収録 ISBN:9784775961582

ベストセラーの著者による、その要点確認とフォローアップを目的にしたセミナー。激変する相場環境に振り回されずに、生涯現役で生き残るにはどうすればよいのか？

DVD 生涯現役の株式トレード技術 実践編
講師：優利加　定価 本体 38,000円+税
DVD2枚組 356分収録　ISBN:9784775961421

著書では明かせなかった具体的な技術を大公開。4つの利（天、地、時、人）を活用した「相場の見方の型」と「スイングトレードのやり方の型」とは？　その全貌が明らかになる!!

DVD 生涯現役の株式トレード技術【海図編】
著者：優利加　定価 本体 4,800円+税
DVD1枚 56分収録　ISBN:9784775962374

多くの銘柄で長期間に渡り検証された、高い確率で勝てる、理に適った「型」を決め、更に、それを淡々と実行する決断力とそのやり方を継続する一貫性が必要なのである。

トレード業界に旋風を巻き起こしたウィザードブックシリーズ!!

ウィザードブックシリーズ1
魔術師リンダ・ラリーの短期売買入門
著者:リンダ・ブラッドフォード・ラシュキ

定価 本体 28,000円+税　ISBN:9784939103032

【米国で短期売買のバイブルと絶賛】
日本初の実践的短期売買書として大きな話題を呼んだプロ必携の書。順バリ(トレンドフォロー)派の多くが悩まされる仕掛け時の「ダマシ」を逆手に取った手法(タートル・スープ戦略)をはじめ、システム化の困難な多くのパターンが、具体的な売買タイミングと併せて詳細に解説されている。

ウィザードブックシリーズ2
ラリー・ウィリアムズの短期売買法
著者:ラリー・ウィリアムズ

定価 本体 9,800円+税　ISBN:9784939103063

【トレードの大先達に学ぶ】
短期売買で安定的な収益を維持するために有効な普遍的な基礎が満載された画期的な書。著者のラリー・ウィリアムズは30年を超えるトレード経験を持ち、多くの個人トレーダーを自立へと導いてきたカリスマ。事実、本書に散りばめられたヒントを糧に成長したと語るトレーダーは多い。

ウィザードブックシリーズ 51・52
バーンスタインのデイトレード【入門・実践】
著者:ジェイク・バーンスタイン　定価(各)本体7,800円+税
ISBN:(各)9784775970126　9784775970133

「デイトレードでの成功に必要な資質が自分に備わっているのか?」「デイトレーダーとして人生を切り開くため、どうすべきか?」──本書はそうした疑問に答えてくれるだろう。

ウィザードブックシリーズ 130
バーンスタインのトレーダー入門
著者:ジェイク・バーンスタイン
定価 本体 5,800円+税
ISBN:9784775970966

ヘッジファンドマネジャー、プロのトレーダー、マネーマネジャーが公表してほしくなかった秘訣が満載!　30日間で経済的に自立したトレーダーになる!

ウィザードブックシリーズ 53
ターナーの短期売買入門
著者:トニ・ターナー
定価 本体 2,800円+税
ISBN:9784775970140

「短期売買って何?」という方におススメの入門書。明確なアドバイス、参考になるチャートが満載されており、分かりやすい説明で短期売買の長所と短所がよく理解できる。

ウィザードブックシリーズ 37
ゲイリー・スミスの短期売買入門
著者:ゲイリー・スミス
定価 本体 2,800円+税
ISBN:9784939103643

20年間、大勝ちできなかった「並以下」の個人トレーダーが15年間、勝ち続ける「100万ドル」トレーダーへと変身した理由とは?　個人トレーダーに知識と勇気をもたらす良書。

満員電車でも聞ける！オーディオブックシリーズ

本を読みたいけど時間がない。
効率的かつ気軽に勉強をしたい。
そんなあなたのための耳で聞く本。
それがオーディオブック!!

パソコンをお持ちの方は Windows Media Player、iTunes、Realplayer で簡単に聴取できます。また、iPod などの MP3 プレーヤーでも聴取可能です。

オーディオブックシリーズ 12
規律とトレーダー ― 相場心理分析入門
著者：マーク・ダグラス

定価 本体 3,800 円＋税 （ダウンロード価格）
MP3 約 440 分 16 ファイル 倍速版付き

ある程度の知識と技量を身に着けたトレーダーにとって、能力を最大限に発揮するため重要なもの。それが「精神力」だ。相場心理学の名著を「瞑想」しながら熟読してほしい。

オーディオブックシリーズ 11
バフェットからの手紙
著者：L・A・カニンガム

バフェット本の決定版！
この1冊でバフェットの全てがわかる
「経営者」「ベンチャー企業家」「就職希望者」「IPO」のバイブル

定価 本体 4,800 円＋税 （ダウンロード価格）
MP3 約 707 分 26 ファイル 倍速版付き

バフェット「直筆」の株主向け年次報告書を分析。世界的大投資家の哲学を知る。オーディオブックだから通勤・通学中でもジムで運動していても「読む」ことが可能だ!!

オーディオブックシリーズ 13
賢明なる投資家
市場低迷の時期こそ、威力を発揮する「バリュー投資のバイブル」日本未訳で「幻」だった古典的名著がついに翻訳

オーディオブックシリーズ 25
NLP トレーディング
最先端の心理学　神経言語プログラミング
(Neuro-Linguistic Programming) が勝者の思考術を養う!

オーディオブックシリーズ 5
生き残りのディーリング決定版
相場で生き残るための100の知恵。通勤電車が日々の投資活動を振り返る絶好の空間となる。

オーディオブックシリーズ 8
相場で負けたときに読む本 ～真理編～
敗者が「敗者」になり、勝者が「勝者」になるのは必然的な理由がある。相場の"真理"を詩的に紹介。

ダウンロードで手軽に購入できます!!

パンローリングHP　http://www.panrolling.com/
（「パン発行書籍・DVD」のページをご覧ください）

電子書籍サイト「でじじ」　http://www.digigi.jp/

■CDでも販売しております。詳しくは上記HPで――

Pan Rolling オーディオブックシリーズ

売り上げ1位
相場で負けたときに読む本 真理編・実践編
山口祐介　パンローリング
[真] 約160分 [実] 約200分
各1,575円（税込）

負けたトレーダーが破滅するのではない。負けたときの対応の悪いトレーダーが破滅するのだ。敗者は何故負けてしまうのか。勝者はどうして勝てるのか。10年以上勝ち続けてきた現役トレーダーが相場の"真理"を詩的に紹介。

売り上げ2位
生き残りのディーリング
投資で生活したい人への100のアドバイス 決定版
矢口新　著

生き残りのディーリング
矢口新　パンローリング
約510分　2,940円（税込）

──投資で生活したい人への100のアドバイス──
現役ディーラーの座右の書として、多くのディーリングルームに置かれている名著を全面的に見直しし、個人投資家にもわかりやすい工夫をほどこして、新版として登場！現役ディーラーの座右の書。

その他の売れ筋

マーケットの魔術師
ジャック・D・シュワッガー
パンローリング　約1075分
各章2,800円（税込）

──米トップトレーダーが語る成功の秘訣──
世界中から絶賛されたあの名著がオーディオブックで登場！

マーケットの魔術師 大損失編
アート・コリンズ、鈴木敏昭
パンローリング　約610分
DL版5,040円（税込）
CD-R版6,090円（税込）

「一体、どうしたらいいんだ」と、夜眠れぬ経験や神頼みをしたことのあるすべての人にとって必読書である！

規律とトレーダー
マーク・ダグラス、関本博英
パンローリング　約440分
DL版3,990円（税込）
CD-R版5,040円（税込）

常識を捨てろ！
手法や戦略よりも規律と心を磨け！
ロングセラー『ゾーン』の著者の名著がついにオーディオ化!!

NLPトレーディング
エイドリアン・ラリス・トグライ
パンローリング約590分
DL版3,990円（税込）
CD-R版5,040円（税込）

トレーダーとして成功を極めるため必要なもの……それは「自己管理能力」である。

私はこうして投資を学んだ
増田丞美
パンローリング　約450分
DL版3,990円（税込）
CD-R版5,040円（税込）

10年後に読んでも20年後に読んでも色褪せることのない一生使える内容です。実際に投資で利益を上げている著者が今現在、実際に利益を上げている考え方&手法を大胆に公開！

マーケットの魔術師 ～日出る国の勝者たち～ Vo.01
塩坂洋一、清水昭男
パンローリング　約100分
DL版840円（税込）
CD-R版1,260円（税込）

勝ち組のディーリング
トレード選手権で優勝し、国内外の相場師たちとの交流を経て、プロの投資家として活躍している塩坂氏。「商品市場の勝ちパターン、個人投資家の強み、必要な分だけ勝つ」こととは！？

マーケットの魔術師～日出る国の勝者たち～

- Vo.02 FX戦略：キャリートレード次に来るもの／松田哲、清水昭男
- Vo.03 理論の具体化と執行の完璧さで、最高のパフォーマンスを築け!!!!／西村貴郁、清水昭男
- Vo.04 新興国市場──残された投資の王道／石田和靖、清水昭男
- Vo.05 投資の多様化で安定収益／銀座ロジックの投資術／浅川夏樹、清水昭男
- Vo.06 ヘッジファンドの奥の手拝見／その実態と戦略／市木俊郎、清水昭男
- Vo.07 FX取引の確実性を摘み取れ／スワップ収益のインテリジェンス／空隼人、清水昭男
- Vo.08 裁量からシステムへ、ニュアンスから数値化へ／山口祐介、清水昭男
- Vo.09 ポジション・ニュートラルから紡ぎだす日々の確実収益術／徳山秀樹、清水昭男
- Vo.10 拡大路線と政権の安定 ― タイ投資の絶妙タイミング／阿部俊之、清水昭男
- Vo.11 成熟市場の投資戦略 ― シクリカルで稼ぐ日本株の極意／鈴木一之、清水昭男
- Vo.12 バリュー株の収束相場をモノにする！／角山智、清水昭男
- Vo.13 大富豪への王道の第一歩：でっかく儲ける資産形成＝新興市場＋資源株／上中康司、清水昭男
- Vo.14 シンプルシステムの成功ロジック：検証実績とトレードの一貫性で可能になる安定収益／斉藤正章、清水昭男
- Vo.15 自立した投資家（相場）の未来を読む／福永博之、清水昭男
- Vo.16 IT時代だから占星術／山中康司、清水昭男

Chart Gallery 4.0 for Windows

パンローリング相場アプリケーション
チャートギャラリー
Established Methods for Every Speculation

最強の投資環境

成績検証機能が加わって新発売！

検索条件の成績検証機能 [New] [Expert]

指定した検索条件で売買した場合にどれくらいの利益が上がるか、全銘柄に対して成績を検証します。検索条件をそのまま検証できるので、よい売買法を思い付いたらその場でテスト、機能するものはそのまま毎日検索、というように作業にむだがありません。

表計算ソフトや面倒なプログラミングは不要です。マウスと数字キーだけであなただけの売買システムを作れます。利益額や合計だけでなく、最大引かされ幅や損益曲線なども表示するので、アイデアが長い間安定して使えそうかを見積もれます。

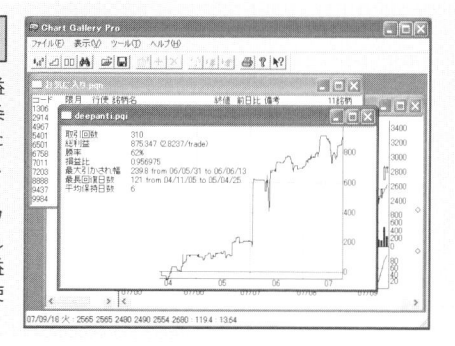

チャートギャラリープロに成績検証機能が加わって、無敵の投資環境がついに誕生!!
投資専門書の出版社として8年、数多くの売買法に触れてきた成果が凝縮されました。
いつ仕掛け、いつ手仕舞うべきかを客観的に評価し、きれいで速いチャート表示があなたのアイデアを形にします。

●価格（税込）
チャートギャラリー 4.0
エキスパート **147,000 円** ／ プロ **84,000 円** ／ スタンダード **29,400 円**

●アップグレード価格（税込）
以前のチャートギャラリーをお持ちのお客様は、ご優待価格で最新版へ切り替えられます。
お持ちの製品がご不明なお客様はご遠慮なくお問い合わせください。

プロ2、プロ3、プロ4からエキスパート4へ	105,000 円
2、3からエキスパート4へ	126,000 円
プロ2、プロ3からプロ4へ	42,000 円
2、3からプロ4へ	63,000 円
2、3からスタンダード4へ	10,500 円

がんばる投資家の強い味方　Traders Shop

http://www.tradersshop.com/

24時間オープンの投資家専門店です。

パンローリングの通信販売サイト「**トレーダーズショップ**」は、個人投資家のためのお役立ちサイト。書籍やビデオ、道具、セミナーなど、投資に役立つものがなんでも揃うコンビニエンスストアです。

他店では、入手困難な商品が手に入ります!!

- ● 投資セミナー
- ● 一目均衡表 原書
- ● 相場ソフトウェア
  チャートギャラリーなど多数
- ● 相場予測レポート
  フォーキャストなど多数
- ● セミナーDVD
- ● オーディオブック

ここでしか入手できないモノがある。

さあ、成功のためにがんばる投資家は
いますぐアクセスしよう！

トレーダーズショップ 無料メールマガジン

● 無料メールマガジン登録画面

トレーダーズショップをご利用いただいた皆様に、**お得なプレゼント**、今後の**新刊情報**、著者の方々が書かれた**コラム、人気ランキング**、ソフトウェアのバージョンアップ情報、そのほか投資に関するちょっとした情報などを定期的にお届けしています。

まずはこちらの
「**無料メールマガジン**」
からご登録ください！
または info@tradersshop.com まで。

パンローリング株式会社　〒160-0023　東京都新宿区西新宿7-9-18-6F
Tel：03-5386-7391　Fax：03-5386-7393
お問い合わせは　http://www.panrolling.com/
E-Mail info@panrolling.com

携帯版